Tommy Ballestrem

Ja, aber die Kreuzzüge …

Eine kurze Verteidigung des Christentums

fe-medien, kisslegg

Danksagung

Mein besonderer Dank gilt meinem Cousin Guy Moy, der mir die Idee zu diesem Buch gab und seine Entstehung maßgeblich unterstützte. Danken möchte ich außerdem meinem Bruder Niko sowie allen Freunden und Verwandten, die mit ihrer Kritik zum Gelingen beigetragen haben.

3. Auflage 2015
© Fe-Medienverlag GmbH
D-88353 Kisslegg
www.fe-medien.de
Umschlaggestaltung: Renate Geisler
Druck: orth-druk, Bialystok
ISBN: 978-3-86357-121-4

Tommy Ballestrem

Ja, aber die Kreuzzüge …

Eine kurze Verteidigung des Christentums

Inhaltsverzeichnis

Vorwort

Da hatte sich Kurzpräsident Wulff eine sibyllinische Formulierung einfallen lassen, als er zum Tag der Deutschen Einheit über Weltreligionen und unsere Kulturelle Identität philosophierte. Wulff sagte: „Das Christentum gehört zweifelsfrei zu Deutschland. Das Judentum gehört zweifelsfrei zu Deutschland. Das ist unsere christlich-jüdische Geschichte. Aber der Islam gehört inzwischen auch zu Deutschland."

Nun, „inzwischen" gehört auch der Hinduismus zu Deutschland, angesichts des Wucherns an Yoga-Workshops und Ayurveda-Massagen und der Nachfrage für fernöstliche Weisheitslehren.

Der Islam gehört zu Deutschland? Zunächst und auch auf den zweiten Blick Unsinn, denn eine weit zurückreichende Tradition hat der Islam ganz sicher nicht bei uns, es sei denn, man sieht den Aufmarsch der türkischen Heere vor Wien 1683 als eine Art Heimatbesuch bei deutschsprechenden Freunden an.

Und hält das Wort „Christenschlampe", das Neuköllner Migrantenhauptschüler den Mädchen hinterherrufen, für eine Höflichkeitsformel.

Wir sollten nicht Eiertanzen. Islam und Christentum sind verschieden, da ihr Ursprung verschieden ist. Der des Christentums ist eben jener Jesus, Gottes Sohn, dessen Botschaft die Liebe ist. Und der des Islam ist die Vision eines Kriegsherren, dessen Botschaft die Unterwerfung und der Hass auf Ungläubige ist.

Der erste starb am Kreuz und gab sich hin, der zweite enthauptete seine Gegner.

Wulffs Formulierung mogelte zur Feierstunde, eine Mogelei mit guter Absicht, er mogelte dem so genannten „christlichen Abendland" leutselig die DNS des jahrtausendalten historischen und religiösen Gegenübers unter, in der Festtagsabsicht der Integration. Doch die Mogelei wurde instinktiv als solche verstanden, sie flog auf wie die vielen anderen Halbheiten und Schummeleien, es gab Lärm um diesen Satz, der mit jedem Terroranschlag, mit jedem islamistischen Bekenntnis, mit jeder salafistischen Predigt unsinniger wird.

Dabei ging eine andere Schrägheit völlig unter – der Satz: „Das Christentum gehört zweifelsfrei zu Deutschland."

Hm. Ach ja?

Sicher, es gibt immer noch rund 50 Millionen Kirchensteuer-Zahler, aber in die Kirchen findet nur noch ein Bruchteil der Menschen, bei den Protestanten sind es gerade mal vier Prozent, bei den Katholiken immerhin noch zwölf Prozent.

Über das Christliche in unserer Kultur weiß man eher wenig. Straßenumfragen belegen das. Ostern? Ist da nicht der Osterhase zur Welt gekommen? Golgatha, ähm, eine Zahnpasta? Jesus – der Bruder von Spartakus? Ansonsten werden Glaubensbekundungen im öffentlichen Raum eher bekichert und in den sozialen Netzwerken mit Häme oder Furor belegt.

Das Christentum ist von allen Religionen diejenige in der säkularen Welt, die die höchste Rate an so genannten „hate crimes" auf sich zieht. In den Kirchen Frankreichs wird mittlerweile das Allerheiligste nach Gottesdienstschluss in Sicherheit gebracht, weil der Vandalismus überhandnimmt. Wenn Lebensschützer, also Abtreibungsgegner, bei uns demonstrieren, werden sie angepöbelt und bespuckt, oder es werden, wie unlängst in Berlin, demonstrativ Kreuze in der Spree versenkt.

Von „Christen" liest man in Schreckensmeldungen wie „IS ermordet 21 koptische Christen". In unserer säkularen Erlebniswelt dagegen bedeutet das Christentum höchstens ein finsterer Aberglaube, der die strahlenden Errungenschaften der Aufklärung zurückdrehen möchte. Auch ein deutscher Papst konnte daran nichts ändern. Er trat schließlich entkräftet zurück, besonders enttäuscht auch über die „sprungbereite Feindseligkeit", die ihm von Seiten seiner deutschen Landsleute entgegengeschlagen war.

Die Kreuze, die noch in unseren Amtsstuben oder Schulen hängen, sind sinnentleerte Symbole. „Das Christentum in Deutschland ist ideell bankrott", resümierte Kolumnist und Essayist Markus Günther in der FAZ. Sicher, die Kirchensteuereinnahmen sind so hoch wie nie zuvor, doch sie führen das klerikale Establishment aufs Glatteis; nur noch ein Drittel der befragten Christen glaubt an eine Auferstehung, das Credo ist weitestgehend ein formelhaftes Lippenbekenntnis geworden.

In einer Messe, die Kardinal Brandmüller jüngst für eine Handvoll Journalisten vor dem Petrusgrab zelebrierte, predigte er Klartext:

„Werfen wir doch einen nüchternen, realistischen Blick auf die sozialkulturelle Landschaft unserer Tage! Mancher wird da resignierend sagen, wir seien bereits in eine postchristliche Phase der Geschichte eingetreten. Nein, sage ich. Wir befinden uns vielmehr erneut in einer prächristlichen, einer vorchristlichen, einer vorkonstantinischen Situation, und so wie damals gilt es heute aufs Neue, dem Evangelium den Weg zu bereiten."

Ich schaute mich um, dort unten, da waren die Papstgräber aus besseren Zeiten, ich wusste unter meinen Füßen die Nekropolis der Urgemeinden, und mir fiel Bischof Dyba ein, der mir nicht lange vor seinem Tode einmal sagte, er habe keine Angst vor leeren Kirchen. „Diejenigen, die übrig bleiben, sind die, mit denen man rechnen kann, wenn es ernst wird. Wahre Christen. Dann gehen wir eben wieder in die Katakomben. Wir brauchen diese ganzen Apparate nicht."

Das ist die Situation. Unsere Bischöfe sind zu großen Teilen Anpassungs-artisten, die dem Zeitgeist zuliebe zu allen Kompromissen bereit sind, auch zu dem der Glaubensverleugnung. Wenn mittlerweile im Kölner Dom Fürbitten gesprochen werden, die mit den Worten einsetzen: „Im Namen Gottes, des Barmherzigen, des Allerbarmers. Die Grüße seien auf dem Siegel der Propheten. Wir bitten Gott, den Erhabenen …" – dann ist die Zeit gekommen, neu nachzudenken, ob unsere religiöse Permissi-vität nicht auch mit christlicher Amnesie zu tun hat.

Tatsächlich scheint es so, dass es dem herrschenden Diskurs der Multi-kulturalität einfacher fällt, den Islam hinzunehmen als das Christentum.

Wo immer von christlicher Seite Kritik an den aktuellen bestialischen Auswüchsen geübt wird – ob im privaten Kreis oder im Schaufenster irgendwelcher Talkshows –, kommt der Einwurf „Ja, aber die Kreuzzüge …", und schon diskutiert man Urban II. und das elfte Jahrhundert, und nicht mehr die Steinigungen und den Terror und das Blutvergießen im Namen Allahs heutiger Tage.

Das hat Tommy Ballestrem provoziert zu dieser glänzenden Gegenre-de. Ballestrem, eigentlich Musiker und Komponist, stellt sich mit seiner „kurzen Verteidigung des Christentums" in eine illustre Reihe von Apo-logeten, von Blaise Pascal bis Gilbert K. Chesterton. Mit letzterem, dem modernen Zeitgenossen, teilt er die Präzision des Arguments und die Fähigkeit, die Bühne zu drehen und Fragen neu zu stellen.

Nämlich: Wie sähe eine Welt, unsere Welt, ohne Christentum aus?

Es wäre eine Welt, die ohne die Überzeugung auskommen müsste, dass „die Würde des Menschen unantastbar" ist. Eine Welt, in der die Sklaverei eine Selbstverständlichkeit wäre, eine, in der es keine staalichen Hilfen für Alte, Arme und Kranke gäbe. Ohne das Gebot der Nächstenliebe kein Sozial-staat. „Es wäre eine Welt, in der ich nicht leben möchte", sagte einst Böll.

Dieses knappe, aber treffsichere Buch genügt, um Karl-Heinz Deschners mit besessenem Fleiß zusammengetragene „Kriminalgeschichte des Christentums" als wüste Konstruktion in sich zusammenbrechen zu lassen. Der schmale fränkische Forscher hatte sich diesen Prozess gegen die Kirche zur Lebensaufgabe gemacht. In zehn Bänden breitete er aus, wie das Christentum „in Blut geschwommen" sei.

Ballestrem korrigiert die wüstesten Mythen. Etwa, dass die Inquisition Hunderttausende an Opfern gekostet habe. Der römischen Inquisition fielen von 1542 bis 1761 insgesamt 97 Personen zum Opfer – die Französische Revolution dagegen metzelte in nur wenigen Jahren 50 000 dahin. Zumeist wurde die Inquisition durch staatliche Behörden durchgeführt. Oft standen im Hintergrund materielle Interessen wie Enteignungen.

Auch um den Hexenwahn des Mittelalters ranken sich schauerliche Blüten. Neun Millionen Opfer, zumeist weibliche, errechnet der protestantische Aufklärer Christian Voigt. In Wahrheit waren es – immer noch schreckliche – 50.000 Opfer im Laufe von 350 Jahren. Die Hexenjagd habe zum Ziel gehabt, „die weisen Frauen" auszurotten, behaupten amerikanische Feministinnen. Nun, rechnet Ballestrem vor, ein Viertel der Verurteilten waren Männer.

Überhaupt hatte die Kirche zunächst die Hexenjagden verdammt. Die Inquisition ging gegen sie vor. Doch schließlich ergab sich der kirchliche Apparat dem Volkswillen und der derben Lust des Pöbels an grauenvollen Hinrichtungen und Scheiterbränden – ein Beispiel dafür, dass die Kirche nicht gut beraten ist, wenn sie sich dem Zeitgeist allzu willig anpasst.

Schließlich die Kreuzzüge, die eine Antwort waren auf die Zerstörung der heiligen Stätten und die Ermordung oder Versklavung der Pilger und der Christen im Heiligen Land. Ohne sie, auch darin sind sich Historiker einig, hätte der aggressive Islam ganz sicher Europa unterjocht wie zuvor schon Nordafrika, Spanien, den Landkorridor bis nach Indien.

Sicher, bisweilen schwamm die Kirche in Blut – Papst Johannes Paul II. hat sich im Namen der katholische Kirche und der Christenheit mehrfach entschuldigt.

Doch Deschner, der Chefankläger, verschweigt, dass es oft das eigene Blut war, in dem die Kirche watete, das Blut der Märtyrer für Christus, ob es die Verfolgten unter dem römischen Kaiser Nero waren, die sich für ihr Bekenntnis von Löwen zerfleischen ließen, oder ob es Priester wie Maximilian Kolbe waren, die sich in der finsteren Nacht des Naziterrors für den Nächsten aufopferten und unerschrocken in den Tod gingen.

So darf Ballestrems Buch durchaus auch als geistiges Kampfbrevier gelesen werden, und ich kann ihm nur jeden möglichen Erfolg in der Welt wünschen. Und uns Katholiken, die wir uns so gerne beschämt für unsere „Verbrechergeschichte" entschuldigen, kann es als stolze Versicherung dienen.

Als Hinweis auf den eisernen Proviant an Überzeugungen und Idealen, mit dem wir mutig die Stürme der Zeit überdauern können. Es ist ein Buch, das leuchtet, denn es handelt von den Schatten, aber mehr noch von den Triumphen einer unwiderstehlichen Botschaft, des Evangeliums, das, wörtlich übersetzt, „Frohe Botschaft" heißt.

Vor allem aber zeigt es die Fundamente, auf denen unsere Kultur, unsere Auffassung vom Menschen, unser Wissen, unsere Musik, unsere Künste, unsere gesamte Herkunft gründen.

Es erzählt von dem, was wir einst „christliches Abendland" nannten und manchmal immer noch so nennen.

Matthias Matussek

Einleitung

Seine Suche nach einem tieferen Sinn im Leben führte den Kölner Talk-showgast Barino Barsoum zunächst zum Islam. Das Christentum sei für ihn damals keine Alternative gewesen, so Barsoum, denn es werde in Deutschland immerzu kritisiert und schlecht geredet. Ganz anders der muslimische Glaube.[1]

Tatsächlich scheint unser kollektives Bewusstsein immer mehr von der Überzeugung beseelt zu sein, wir müssten uns für das Christentum schämen, während wir dem Islam mit Respekt und Verständnis zu begegnen hätten. Befriedigt sich eine Frau in einer Filmszene mit einem Kreuz, schnalzen die Moderatoren der 3sat-Kulturzeit kunstsinnig mit der Zunge. Spielt aber ein billig produzierter Streifen auf verfassungsfeindliche Stellen im Koran an, so handelt es sich ohne Frage um ein geschmackloses Machwerk.

Skrupellose Kirchenfürsten, fanatische Inquisitoren und fette, perverse Mönche kitzeln unsere Nerven in mittelalterlichen Fantasiefilmen. Geschichtsdokus erzählen von Kreuzzügen und Zwangsmissionierungen. Schaurig inszenierte Einspieler beschäftigen sich mit der Hexenverfolgung durch die Kirche. Priester, die mit den Zwängen des Zölibats zu kämpfen haben, dienen als mediale Dauerbrenner.

Jeder Versuch, das Christentum in ein positives Licht zu rücken, stößt irgendwann auf den Einwand: „Ja, aber die Kreuzzüge …" Geht man darauf ein, stehen genügend weitere Anklagepunkte auf Abruf bereit: „Ja, aber die Zwangsmissionierung … die Inquisition … die Unterdrückung der Indios …"

Das Leben und die Taten Jesu, die in den Evangelien beschrieben werden, können schwerlich als Vorbild für die viel zitierten Verbrechen des

Christentums herangezogen werden. Über allem steht der Begriff der Liebe: zu Gott und unserem Nächsten. Eine radikalere Friedensbotschaft als die der Bergpredigt ist kaum denkbar. Jesus fordert nicht nur dazu auf, keine Gewalt anzuwenden und Frieden zu stiften, sondern geht sogar noch einen Schritt weiter: „Liebt eure Feinde; tut denen Gutes, die euch hassen. Segnet die, die euch verfluchen; betet für die, die euch misshandeln" (Lk 6,27–36). An keiner Stelle ruft er nach Gewalt oder Zwang, um eine Welt christlicher Wertvorstellungen aufzubauen. Im Gegenteil: Er opfert sich selbst und betet noch am Kreuz um die Vergebung unserer Sünden (Lk 23,26–43).

Jesus kritisiert all jene, die sich für etwas Besseres halten. Er fordert uns auf, über den Balken im eigenen Auge nachzudenken, bevor wir uns über den Splitter im Auge eines anderen erheben (Mt 7,1–5). Und er weigert sich, eine Ehebrecherin zu verurteilen: „Wer von euch ohne Sünde ist, werfe als Erster einen Stein auf sie" (Joh 7,53–8,11). Er interessiert sich nicht für politische Machthaber und Privilegierte, sondern für Zöllner, Sünder und Verlorene. Er heilt Kranke und Besessene und erweckt Tote zum Leben. Jesu ganzes Leben ist eine Aufforderung, seinem Vorbild nachzufolgen. In diesem Sinne auch seine Abschiedsworte an die Jünger: „Wie mich der Vater geliebt hat, so habe auch ich euch geliebt. Bleibt in meiner Liebe!" (Joh 15,1–16,33).

Liegt in alldem eine Aufforderung zu Krieg, Gewalt, Zwang und Folter? Nein. Ist es dann nicht naheliegend, die Ursachen dafür woanders als im christlichen Glauben zu suchen?

In unserem Bewusstsein fest verankert sind viele der Opferzahlen, die seit der Aufklärung gegen die Kirche vorgebracht wurden, auch wenn sie sich längst als maßlos übertrieben herausgestellt haben. Kreuzzüge, Inquisition und Hexenverfolgung stehen weiterhin hoch im Kurs. Themen wie die Entstehung unserer Kranken- und Waisenhäuser bleiben hingegen auf der Strecke.

Meiner Ansicht nach ist es deshalb an der Zeit, die positive Geschichte des Christentums erneut zu beleuchten und Kritik auf ihre historische Berechtigung hin zu überprüfen.

Das Buch führt durch 2000 Jahre christliche Geschichte, vom frühesten Mönchtum bis ins 20. Jahrhundert, immer mit Blick auf die folgenden zwei Fragen: Was haben die positiven und zum Teil radikal neuen Wertvorstellungen der Evangelien tatsächlich bewirkt? Und wie konnte sich so viel Unrecht in die Geschichte des Christentums einschleichen, wenn damit eine Pervertierung aller christlichen Wertvorstellungen verbunden war?

Bei meinen Recherchen war ich über ein Buch besonders dankbar, das in großer Klarheit ein tiefes Hintergrundwissen vermittelt sowie den Stand der neuesten Forschung darstellt: „Toleranz und Gewalt. Das Christentum zwischen Bibel und Schwert" von Arnold Angenendt.

Die Ursprünge mönchischen Lebens

Auf die Frage, was ein Mensch tun müsse, um das ewige Leben zu erlangen, antwortet Jesus: „… halte die Gebote! … Wenn du vollkommen sein willst, geh, verkauf deinen Besitz und gib das Geld den Armen; … dann komm und folge mir nach" (Mt 19,13–15). Es ist eine der folgenreichsten Passagen des Neuen Testaments, denn der Wunsch, den vollkommeneren Weg der Nachfolge Christi einzuschlagen, setzt eine Entwicklung in Gang, die die Gestalt Europas massiv prägen wird: das Mönchtum.

Frühe Spuren mönchischen Lebens finden sich in Ägypten, Kleinasien und Syrien ab dem 3. Jahrhundert nach Christus. Die ersten Mönche (griech. monachos = Alleinlebender) waren Eremiten (griech. eremia = Einsamkeit), die der Welt entfliehen wollten und in die Wüste zogen, um dort ein Leben in Askese und Gebet zu führen.

Einer der bekanntesten Wüstenväter ist Antonius der Große (* um 251; † 356), der aus einer reichen Familie stammte und sein ganzes Vermögen verschenkte, bevor er sich in die Einsamkeit aufmachte.

Der Ruf ihrer Heiligkeit ließ Eremiten schnell zur Anlaufstelle für Schüler und Ratsuchende werden. Um ihnen zu entfliehen, erklomm der syrische Asket Symeon (* 389; † 459) Anfang des 5. Jahrhunderts eine Säule. Er hatte die Höhe des Steines aber falsch eingeschätzt: Eifrig zupften Verehrer Fäden aus seiner Kutte, von denen sie sich Heilswirkung versprachen. Kaiserliche Bauleute erbarmten sich schließlich des weisen Mannes und erhöhten die Stele um einige Meter. Geschützt vor den Händen der Pilger, hatte er fortan ein offenes Ohr für all ihre Belange. Auch prominente Bewunderer wie Kaiser Theodosius II (* 401; † 450) suchten seinen Rat. Mit der Zeit folgten weitere Asketen Symeons Vorbild und begründeten so die Tradition der Säulenheiligen.

Andere Eremiten wiederum schlossen sich als Koinobiten (griech. koinos bios = gemeinsames Leben) in ländlichen Siedlungen zusammen.

Pachomius, ein Eremit und Zeitgenosse des Antonius, gründete um 325 eine Lebensgemeinschaft nahe von Theben. Eine gemeinsame Regel unterteilte den Tag in Gebet und Arbeit. Die Mönche verpflichteten sich auf ein Leben in Armut – Privateigentum war nicht erlaubt. Das erste uns bekannte Kloster war gegründet. Die Siedlungen des Pachomius erhielten einen solchen Zulauf, dass er noch zu Lebzeiten neun Männer- und zwei Frauenklöster gründete.

Im Westen verbreitete sich das Mönchtum aus unterschiedlichen Impulsen heraus.

In römischen Stadthäusern hatten sich schon früh christliche Gemeinschaften gebildet, die ihren Lebensmittelpunkt später in die größere Abgeschiedenheit einzelner Landvillen verlagerten.

Daneben entstanden Klöster aus der Initiative einzelner Bischöfe heraus. Martin von Tours (* um 316; † 397) gründete ein Kloster, um auch nach seiner Bischofswahl noch einen Rückzugsort für Gebet und Askese zu haben. Der große Kirchenlehrer Augustinus (* 354; † 430) legte den Grundstein für ein Kloster in seiner nordafrikanischen Heimat und formulierte eine eigene Regel.

Dann wiederum gab es Mönche und Eremiten, die auf ihren Reisen das Leben der ägyptischen Wüstenväter erlebt hatten und diese Erfahrung mit in den Westen brachten. Johannes Cassianus (* um 360; † um 435) erbaute nach seiner Rückkehr aus Ägypten bei Marseille das Kloster St. Victor, in dem noch heute Überreste aus der Gründerzeit erhalten sind. Honoratus († 429/30) schuf auf einer Insel bei Cannes das Kloster Lérins, das ein bekannter Studienort für Mönche werden sollte.

Nicht alle Mönche suchten die Abgeschiedenheit. Einige folgten dem Missionsauftrag des Neuen Testaments. Vorreiter waren hier vor allem irische und angelsächsische Missionare.

Irland selbst wurde im 5. Jahrhundert von seinem heutigen Nationalheiligen Patrick († 461 oder 493) christianisiert. Zuvor hatte der Botschafter des neuen Glaubens jedoch eine abenteuerliche Odyssee zu bestehen: Als Jugendlicher war er in die Gefangenschaft irischer Krieger geraten, aus der ihm erst nach vielen Jahren die Flucht in die britannische Heimat gelang. Patrick beschloss, Mönch zu werden, und reiste zu Studienzwecken ins Kloster Lérins. Anschließend kehrte er als Missionar nach Irland zurück, wo er sogleich mit der Christianisierung des Landes begann. Zwischen dem 5. und 7. Jahrhundert entstanden auf der grünen Insel zahlreiche Klöster.

Während insbesondere nördlich der Alpen, mit der Invasion der Germanen und dem Ende des Römischen Reichs, die gesamte klassische Kultur kurz davor war, für immer ausgelöscht und vergessen zu werden, entstand unter irischen Mönchen ein auffallendes Interesse für das Lesen, Studieren und Kopieren von Büchern. Viele Exemplare der griechischrömischen Klassik fanden ihren Weg nach Irland und wurden auf diese Weise vor dem zerstörerischen Desinteresse des germanischen Heidentums gerettet. Als sich die irischen Mönche im 6. Jahrhundert aufmachten, das Festland zu missionieren, brachten sie uns die Lese- und Schreibfähigkeit zurück sowie ein im Verschwinden begriffenes Wissen um die klassische Literatur. Dem Autor Thomas Cahill zufolge retteten sie auf diese Weise unsere Zivilisation.[2]

Einer dieser Mönche war Kolumban der Jüngere (* um 543; † 615). Auf seiner Reise durch Burgund und das Frankenreich gründete er unter anderem das Kloster von Luxeuil, das ein Modell für viele weitere Klostergründungen wurde. Gallus, einer seiner Begleiter, zog sich als Einsiedler an den Bodensee zurück. Sein Grab wurde im Jahr 720 Grundstein des Klosters St. Gallen.

In England verbreitete sich der christliche Glaube erst im 7. Jahrhundert, teils durch den Einfluss irischer Mönche, teils durch von Rom entsandte Missionare. Ende des 7. Jahrhunderts begann der aus dem Angelsächsischen stammende Willibrord, ab 695 Erzbischof von Utrecht, im nordöstlichen Frankenreich zu wirken. Sein Begleiter Bonifatius, seit 732 ebenfalls mit der Würde eines Erzbischofs ausgestattet, wurde vor allem in den Regionen Mittel- und Süddeutschlands tätig. Er gründete zahlreiche Klöster, zum Beispiel in Tauberbischofsheim, sowie Bistümer, unter anderem Würzburg und Eichstätt.

Der Einflussreichste unter den frühen Klostergründern war Benedikt von Nursia (* um 480; † 547). Er lebte zunächst als Eremit, bevor er unter anderem das berühmte Kloster Montecassino gründete. Sein großer Einfluss rührt daher, dass er eine Klosterregel in 73 Kapiteln formulierte, die nicht nur Grundlage für die nach ihm benannten Benediktinerorden, sondern – zumindest bis ins 13. Jahrhundert hinein – für praktisch alle Orden werden sollte.

Die Urgestalten des christlichen Glaubens, von den Aposteln bis hin zu den Gründervätern des Mönchtums, wirken durch ihr persönliches Vorbild. Die Apostel leben unter ständiger Todesgefahr und halten trotz Verhaftungen und Folter an ihrem Glauben fest. Die Christen der folgenden drei Jahrhunderte nehmen ebenfalls Verfolgung und Tod in Kauf – so sehr hängen sie an der Botschaft der Nächstenliebe und der Hoffnung auf das ewige Leben. Wüstenväter wie Antonius geben ihren ganzen Besitz hin und führen ein Leben in strenger Askese. Missionare wie Patrick von Irland unternehmen gefahrvolle Reisen. Und das alles in Zeiten, die unruhiger und verwirrender nicht sein könnten.

Vom Imperium Romanum zum Heiligen Römischen Reich

Mit dem Mailänder Toleranzedikt stellt Kaiser Konstantin im Jahr 313 das Christentum auf eine rechtliche Stufe mit den übrigen Religionen des Römischen Reichs. 391 wird das Christentum unter Kaiser Theodosius zur alleinigen Reichsreligion erklärt. Eine erstaunliche Wende für Christen, die nur einen geringen, politisch recht unbedeutenden Teil der Bevölkerung des Imperium Romanum ausmachen, nämlich etwa fünf bis zehn Prozent. Der Sinneswandel römischer Kaiser, aus einer verfolgten Religion die eigene Staatsreligion werden zu lassen, fällt in eine Zeit, in der sich die Stabilität des Römischen Reichs bereits aufzulösen beginnt.

Mit der Völkerwanderung betreten ab Mitte des 3. Jahrhunderts germanische Stämme römisches Herrschaftsgebiet. Ihr Eindringen lässt sich nicht verhindern, also weist man ihnen Siedlungsgebiete zu und versucht sie als militärische Verbündete gegen nachfolgende Barbaren zu verpflichten. Das geht nicht lange gut. Im 5. Jahrhundert bricht das weströmische Reich endgültig zusammen. Übrig bleibt Ostrom, das als byzantinisches Reich weitere tausend Jahre, bis zur Eroberung Konstantinopels durch die Türken im Jahr 1453, Bestand haben wird. Westeuropa dagegen zersplittert in einzelne Königreiche, die von germanischen Stammesführern beherrscht werden. Italien fällt an die Ostgoten, die iberische Halbinsel an die Westgoten, Teile Galliens an die Franken.

Der Versuch, die germanischen Völker in die Kultur Roms zu integrieren, hatte aber zumindest eines bewirkt: Ihre Führungsschicht war häufig zum christlichen Glauben konvertiert, allerdings in arianischer Fassung, was bedeutet, dass sie Jesus lediglich als Mensch ansahen. Dies widersprach der Auffassung der katholischen Kirche, die auf dem Konzil von Nicäa 325 festgelegt hatte, dass Jesus sowohl Mensch als auch Gott sei. Der Gegensatz zwischen Arianern und Katholiken barg einigen Zündstoff. Die germanischen Herrscher konnten aber auf eine Zusammenarbeit mit der katholischen Kirche nicht verzichten. Der Zusammenbruch des Römischen Reiches hatte Verwaltung, Infrastruktur und auch Rechtsprechung verwahrlosen lassen. Das Einzige, das noch funktionierte, waren die Strukturen der Kirche. Ihr gehörten mittlerweile auch große Teile der römischen Oberschicht an. Die neuen Herrscher arianischen Glaubens wollten von diesem katholischen Potenzial profitieren und banden es entsprechend in ihre Verwaltungsstrukturen ein.[3]

So entsteht aus einem zersplitterten, von germanischen Kriegs- und Plünderungswellen durchzogenen Konglomerat aus sich gegenseitig bedrohenden Volksstämmen langsam wieder eine größere Einheit, die von einem gemeinsamen christlichen Gedanken getragen und angetrieben wird.

Der ostgotische Herrscher Theoderich (* um 451/56; † 526) macht einen ersten Schritt in diese Richtung, weil er, obwohl er selbst arianisch denkt, mit den katholischen Bischöfen zusammenarbeitet und damit für politische Stabilität sorgt.

Einen zweiten Schritt bedeutet der Aufstieg der fränkischen Merowinger und die Konversion von König Chlodwig I. im Jahr 498 zum katholischen Glauben. Die Christianisierung der fränkischen Bevölkerung ist, wie wir schon gesehen haben, vor allem der anschließenden Mission durch irische und angelsächsische Mönche geschuldet.

Mit der Machtübernahme durch die Karolinger folgt ein dritter Schritt. Karl Martell (* um 688; † 741) ist es zu verdanken, dass Westeuropa nicht bereits Anfang des 8. Jahrhunderts islamisiert wurde. Er schlägt die Araber zurück, die in Spanien eingefallen und bis ins Frankenreich vorgedrungen waren. Sein Sohn Pippin (* 714; † 768) wird 751 fränkischer König und löst damit endgültig die Herrschaft der Merowinger ab. 754 vertreibt er die Langobarden aus Mittelitalien und vermacht die eroberten Gebiete der Kirche – der Beginn des Kirchenstaats. Pippins Sohn, Karl der Große (* 747/48; † 814), drängt die Araber in Spanien weiter zurück und beendet endgültig die Langobardenherrschaft in Italien. Mit seiner Kaiserkrönung im Jahr 800 durch den Papst in Rom tritt das Heilige Römische Reich an die Stelle des zerschlagenen Imperium Romanum. Abgesehen von England und den islamischen Teilen Spaniens, vereinen die Karolinger die zersplitterten Gebiete des ehemals weströmischen Reichs wieder unter einer Herrschaft.[4]

Kriege und Zwangsmissionierung – trotz oder wegen des Christentums?

Aus kirchenkritischer Sicht war an der Entstehung des Heiligen Römischen Reichs gar nichts heilig. Die Päpste bitten die Karolinger, gegen die Langobarden vorzugehen. Karl der Große führt etliche Kriege und blutige Schlachten. Wer, wenn nicht der christliche Aufruf, hinaus in die Welt zu gehen und alle Völker zu missionieren, trage die Verantwortung für die Zwangsmissionierung der Sachsen und das Blutbad von Verden im Jahre 782?

Was auf den ersten Blick recht einleuchtend klingt, erweist sich bei näherem Hinsehen als wenig überzeugend.

Zunächst einmal unterscheidet sich die christliche von der griechisch-römischen und der germanischen Religion darin, dass sie auf einen Kriegsgott verzichtet. Und sie setzt sich deutlich vom alttestamentarischen und islamischen Götterbild ab, das die Gegner des auserwählten Volkes oder eben der „einzig wahren" Religion bestraft, vernichtet oder unterwirft. Im Gegensatz dazu nennt Jesus diejenigen selig, die keine Gewalt anwenden und Frieden stiften (Mt 5,5). Er erhebt das Gebot der Nächstenliebe zum allerwichtigsten Lebensgrundsatz. Vor ihm sind alle Menschen gleich in ihrer Würde. Bei Paulus heißt es deshalb: „Es gibt nicht mehr Juden und Griechen, nicht Sklaven und Freie, nicht Mann und Frau; denn ihr alle seid einer in Christus" (Gal 3,28). Sein Leben gilt den Armen, Schwachen, Kranken und Sündern. Als Gipfelpunkt seiner eigenen Gewaltlosigkeit widersetzt er sich nicht einmal der eigenen Hinrichtung. Seine Jünger ruft er dazu auf, das Evangelium zu verkünden, aber friedlich und ohne Gewalt. „Wenn ihr in ein Haus kommt, dann wünscht ihm Frieden … Wenn man euch aber in einem Haus oder in einer Stadt nicht aufnimmt und eure Worte nicht

hören will, dann geht weg, und schüttelt den Staub von euren Füßen"
(Mt 10,5–15).

In den Evangelien gibt es einige wenige Stellen, die der radikalen Gewaltlosigkeit Jesu zu widersprechen scheinen, reißt man sie aus ihrem
Zusammenhang. „Denkt nicht, ich sei gekommen, um Frieden auf die
Erde zu bringen. Ich bin nicht gekommen, um Frieden zu bringen, sondern das Schwert" (Mt 10,34). Dieser Satz erschreckt einen förmlich,
weil er in so starkem Kontrast zu allem anderen steht, das in den Evangelien steht. Tatsächlich handelt es sich aber auch hierbei nicht um einen
Aufruf zur Gewalt.

Jesus fordert seine Jünger dazu auf, ihren Glauben furchtlos zu beken-
nen. Und er sagt ihnen voraus, was auf sie zukommen wird. „Denn sie
werden euch vor die Gerichte bringen und in ihren Synagogen auspeit-
schen … Brüder werden einander dem Tod ausliefern und Väter ihre
Kinder, und die Kinder werden sich gegen ihre Eltern auflehnen und
sie in den Tod schicken. Und ihr werdet um meines Namens willen von
allen gehasst werden" (Mt 10,17–21). Jesus bereitet seine Jünger auf das
vor, was wir in der Apostelgeschichte dann auch nachlesen können. Die
Verbreitung des Glaubens wird nicht unmittelbar Frieden in aller Welt
stiften, sondern sie wird auch Zwietracht, Spaltung und Gewalt hervor-
bringen. Gemeint ist natürlich nicht die Gewalt von Missionaren gegen
Heiden, sondern das grausame Schicksal, das viele Menschen treffen
wird, die furchtlos zu ihrem Glauben stehen.

Wenn wir also überlegen, ob Religionen die Kriegslust der Menschen be-
flügelt haben, so können wir das in den allermeisten Fällen nur bejahen.
Von Mars über Odin bis hin zu Allah kann man wohl niemandem seine
Kriegslust absprechen. Für Jesus gilt genau das Gegenteil.

Konsequenterweise lehnten die frühen Christen Krieg und Gewalt ganz
ab. Und Zwangsmissionierung galt als ein Widerspruch in sich. Der

christliche Schriftsteller Tertullian (* um 160; † um 225) glaubte: „Niemand (auch Gott nicht) möchte doch wohl von jemand geehrt werden, der es nicht gerne tut."[5] Und der Lehrer und christliche Apologet Lactanz (* um 250; † um 320) schrieb: „Die Religion ist mehr als alles andere Sache der Freiwilligkeit, und man kann von niemandem erzwingen, dass er etwas verehre, was er nicht will."[6] Augustinus erweist sich da schon eher als Pragmatiker, wenn er sagt, dass unter gewissen Umständen ein Krieg gerecht sein könne. Allerdings: „Erlaubt sei Krieg nur bei feindlichen Angriffen und zur Abwehr von Unrecht, nie aber zur Unterjochung und Eroberung; rechtfertigbar nur bei Verhältnismäßigkeit, dass der zu erwartende Schaden nicht übergroß werde; verantwortbar nur bei ethisch guter Intention, niemals aus schierer Kampflust oder Beutegier; durchführbar allein seitens der Obrigkeit, dass nicht jedermann auf eigene Faust agieren dürfe."[7]

Verteidigungsrecht, Verhältnismäßigkeit und ethische Intention sind keine Kriterien für das Führen willkürlicher Kriege, sondern Bedingungen, die noch heute unseren Rechtsstaaten als Grundlage dienen. Der Begriff des gerechten Krieges ist missverständlich, denn auch wenn die Intention gerecht sein mag, ist ein Krieg in vielerlei Hinsicht ungerecht. Er erlaubt es nicht, ein dem Einzelfall angemessenes Strafmaß anzusetzen. Und das Töten trifft nie ausschließlich Schuldige, sondern immer auch Unschuldige. So würden wir heute eher von einem notwendigen oder erzwungenen Übel sprechen. Wenn wir uns in der Begrifflichkeit von Augustinus unterscheiden, lassen wir doch weiterhin die gleichen Kriterien gelten, die schon der Kirchenvater formuliert hatte.

Gewalt und Zwang lassen sich nicht auf christliches Gedankengut zurückführen und trotzdem waren sie in den Gesellschaften des Mittelalters eine Selbstverständlichkeit. Wo liegen also ihre eigentlichen Ursachen?

Die damalige Bevölkerung Europas setzte sich aus den Überbleibseln der römischen Gesellschaft sowie den verschiedenen germanischen, normannischen oder slawischen Volksstämmen zusammen.

Die griechisch-römische Gesellschaft folgte an erster Stelle Kriterien von Ruhm und Ehre. Sie hatte keinen besonderen Sinn für Schwache, Arme oder Missgebildete, entwickelte keine Kultur von Barmherzigkeit und Nächstenliebe. Plato (* 427 v. Chr.; † 347 v. Chr.) zum Beispiel war der Überzeugung, man solle Arme (meist Sklaven), die aufgrund einer Krankheit arbeitsunfähig waren, getrost sterben lassen. Und der römische Komödiendichter Plautus (* 254 v. Chr; † 184 v. Chr.) schrieb über die seiner Ansicht nach völlig unsinnige Idee von Mildtätigkeit: „Du erweist einem Bettler einen schlechten Dienst, wenn du ihm zu essen oder zu trinken gibst. Du verlierst, was du hast, und verlängerst nur sein Elend."[8]

Dagegen fielen die frühen Christen dadurch auf, dass sie sich um Arme, Kranke, Sterbende, Witwen und Waisen kümmerten. Tertullian berichtet, dass sie sogar Geld sammelten, um Sklaven freizukaufen. Sie verstanden den Dienst am Hilfsbedürftigen als direkten Dienst an Gott. „Denn ich bin hungrig gewesen, und ihr habt mir zu essen gegeben. Ich bin durstig gewesen, und ihr habt mich aufgenommen. Ich bin nackt gewesen, und ihr habt mich gekleidet. Ich bin krank gewesen, und ihr habt mich besucht. Ich bin im Gefängnis gewesen, und ihr seid zu mir gekommen" (Mt 25,35-36). Das Gleichnis vom barmherzigen Samariter oder die Worte des Paulus – „Jeder achte nicht nur auf das eigene Wohl, sondern auch auf das der anderen" (Phil 2,4) – verstanden die Christen als Aufforderung, jedem zu helfen, der bedürftig war, egal, ob Christ oder Heide.

Als im 4. Jahrhundert in Alexandria die Pest ausbrach, verließen die Römer fluchtartig die Stadt, während sich Christen unter Einsatz ihres Lebens um die Kranken kümmerten, weshalb der heidnische Kaiser Julian

Apostata (* 331; † 363) klagte: „Die pietätlosen Galiläer helfen ihren eigenen Armen und unseren … Es ist schändlich, dass die unseren so gar keine Hilfe von uns erfahren."[9] Nach W. E. H. Lecky war die „aktive, gewohnheitsmäßige und konkrete Mildtätigkeit, die solch ein auffälliges Merkmal aller christlichen Gesellschaften ist, in der Antike so gut wie unbekannt"[10]. Rom war eine imperialistische, auf militärische Expansion ausgerichtete Gesellschaft.

Mit den germanischen Volksstämmen wird Europa von Barbaren vereinnahmt. Vor diesem Begriff schrecken wir heute etwas zurück. Der Hochmut der späteren Kolonialzeit ist uns unangenehm und wir neigen dazu, die einfachen Verhältnisse der Primärkulturen durch das Bild größter Naturverbundenheit und Weisheit zu verklären. In Wirklichkeit stießen mit der Christianisierung Europas zwei Kulturen aufeinander, die unterschiedlicher nicht hätten sein können: „…einerseits mit Philosophen, Juristen, Gesetzen und Gerichten und andererseits mit Brauchtum, Ordal und brachialem Zweikampf; einerseits Schulen mit Lesen und Schreiben und andererseits Stammessagen mit rituellem Zauber"[11]. Bei den ostrheinischen Germanen gab es „Menschenopfer, gelten doch die ‚Moorleichen' als solche Opfer, dargebracht etwa zur Winterwende, um der Sonne neues Blut und damit neues Leben zuzuführen; ebenso opferten die Slawen Menschen, auf der Insel Rügen noch bis gegen 1150."[12]

Der Wortschatz der Germanen war viel zu begrenzt, um mit christlichen Begriffen wie Schuld, Vergebung oder Erlösung überhaupt etwas anfangen zu können. Dies zeigen etwa die vielen Anläufe, die nötig waren, um einen Begriff für Barmherzigkeit (misericordia) zu finden: „Miltida', ‚Miltnissa', ‚Ginada', ‚Armherzin', ‚Irbarmherzi', ‚Irbarmherzida', ‚Gabarmida'"[13]. „Eine Revolution der ganzen germanischen Vorstellungswelt war erforderlich, damit das ‚Vaterunser' … überhaupt verstanden werden konnte."[14] Es verwundert deshalb auch nicht, wenn biblische

Metaphern wörtlich genommen wurden und etwa Exemplare aus dem Federschmuck der Heilig-Geist-Taube ihren Weg in mittelalterliche Reliquiensammlungen fanden. Der christliche Glaube war hier, wenn überhaupt, nur sehr begrenzt realisierbar.

Die germanische Gesellschaft dachte in Stammes- und Clanzugehörigkeit. Wer außerhalb davon stand, stellte eine Bedrohung dar. Der Mediävist Georges Duby bezeichnet die frühmittelalterliche Beziehung zwischen den Volksstämmen als die einer „natürlichen Feindschaft"[15]. Gewalt, Krieg, Folter und Selbstjustiz wurden nicht in Frage gestellt. „Der Tötungsrausch war noch im Mittelalter, wie der von Freud inspirierte Soziologe Norbert Elias (* 1897; † 1990) aufgezeigt hat, eine gesellschaftlich erlaubte Freude."[16]

Sowohl Kaiser Konstantin wie auch der merowingische König Chlodwig konvertierten nicht zum christlichen Glauben, weil sie das oberste Gebot der Nächstenliebe so überzeugend fanden und unbedingt politisch in die Tat umsetzen wollten. Vielmehr scheint für beide eine nicht unwesentliche Rolle gespielt zu haben, dass sie sich in einer bereits verloren geglaubten Schlacht an den Christengott wandten und überraschend siegten. Jesus hatte sich als der Stärkere erwiesen. Auf diese Weise wurde der christliche Glaube mit fremden Inhalten bestückt, Jesus einem Mars oder Odin gleichgemacht. Dieser Blickwinkel wird sich auch in der Kunst wiederfinden. „Schon im frühen Mittelalter wurde Christus daher als König, als Krieger dargestellt. Im Utrechtpsalter, der am Ende der Heliandzeit entstand, wird er mit Helm, Lanze und Schild dargestellt, der auf einem vierspännigen Kampfwagen fährt und mit der Lanze seine Feinde niederstößt."[17] Zur Zeit der Kreuzzüge erhält Jesus dann eine Ritterrüstung. „Um 1170 machte der Pfaffe Werner Christus zum Kämpfer gegen den Teufel, wobei er die gleiche eiserne Rüstung trägt wie zeitgenössische Ritter … Im Bassenheimer Reiter wurde bereits Martin als Ritter dargestellt.

Die drei Weisen aus dem Morgenland der Evangelien wurden zu den Heiligen Drei Königen."[18]

Die Konversion weltlicher Herrscher zum Christentum, wie die eines Chlodwig, hatte mit der Annahme christlicher Überzeugungen nur bedingt etwas zu tun. Umso verwirrender wird das Bild des Christentums seit seiner Verstaatlichung unter Kaiser Konstantin.

Aus neutestamentlicher Sicht sollte es eine klare Trennung zwischen Staat und Kirche geben. „Gebt dem Kaiser, was dem Kaiser gehört, und Gott, was Gott gehört" (Mk 12,17). Papst Gelasius I. († um 496) schrieb deshalb: „Denn Christus hat, eingedenk der menschlichen Schwäche, durch eine großartige Anordnung zum Heil der Seinigen weise abwägend, die Rechtsbereiche beider Gewalten in eigenständige Betätigungsfelder und wohlgetrennte Würden geschieden ... So sollten die christlichen Kaiser für das ewige Leben der Bischöfe bedürfen, die Bischöfe dagegen im Bereich der irdischen Dinge nach den kaiserlichen Gesetzen leben."[19]

Die christliche Aufforderung der Trennung beider Bereiche stand aber im Gegensatz zu dem in den allermeisten antiken Kulturen Üblichen. In Ägypten, Mesopotamien, Iran, Griechenland, Rom und im Judentum war das Zusammenfließen geistlicher und weltlicher Macht zu einem Gottkönigtum selbstverständlich. Davon beeinflusst, werden sich christliche Herrscher, von Kaiser Konstantin bis zu den Karolingern und Ottonen, als oberste religiöse und weltliche Führer verstehen und daraus entsprechende Kompetenzen, wie die Ernennung von Bischöfen oder die Einberufung von Konzilien, ableiten. Und sie werden gleichzeitig all das in ihr Amt einfließen lassen, was zu den üblichen gesellschaftspolitischen Gepflogenheiten ihrer jeweiligen Epoche gehört.

Von diesen Einflüssen ist natürlich auch Karl der Große nicht frei. Sein Verdienst besteht darin, dass er mit Hilfe des universal denkenden christlichen Glaubens das bisherige Stammesdenken überwindet. Nach Hans-

Dietrich Kahl ist dies „die epochale Leistung, die eigentlich erst Europa hervorgebracht habe – ein Vorgang von ‚wahrhaft weltgeschichtlichem Rang': Nicht die militärische Imperialität, sondern die Christianisierung sei am wichtigsten gewesen."[20]

Natürlich können sich die Werte des christlichen Glaubens im kulturellen Umfeld des Mittelalters nur langsam ihren Weg bahnen. Heinrich Heine (* 1797; † 1856) schrieb: „Das Christentum – und das ist sein schönstes Verdienst – hat jene brutale germanische Kampflust einigermaßen besänftigt, konnte sie jedoch nicht zerstören, und wenn einst der zähmende Talisman, das Kreuz, zerbricht, dann rasselt wieder empor die Wildheit der alten Kämpfer, die unsinnige Berserkerwut ... Es wird ein Stück aufgeführt werden in Deutschland, wogegen die französische Revolution nur wie eine harmlose Idylle erscheinen möchte."[21] Und tatsächlich, die schlimmsten Gewaltausbrüche aus einem rassistischen Volksdenken heraus werden erst im 20. Jahrhundert stattfinden, wenn wir an die ethnischen Säuberungen durch die Nazis oder den Völkermord 1994 in Ruanda denken, dem eine Million Menschen zum Opfer fällt.

Ein Blick auf die Bemühungen des Frühchristentums auf der einen und auf den Einfluss des römischen Imperialismus sowie der germanischen Kulturen auf der anderen Seite lassen erkennen, von welcher Seite Kriegslust und Gewalt herrühren. Sie dem Christentum zuzuschreiben, erfordert die konsequente Verdrängung vieler Fakten und Zusammenhänge, die dem Philosophen und Theologen Klaus Müller besonders gut gelingt, wenn er die christliche Vergangenheit als pures „Sündenregister" darstellt und als Konsequenz seiner Analyse den reinen Marxismus fordert.[22] Solch undifferenzierte Argumentationen machen die Sündenbock-Theorie des Religionsphilosophen René Girard umso glaubwürdiger. Alle Verbrechen werden den Religionen zugeschrieben. „So entlasten wir uns selbst... Wenn das Christentum an allem schuld ist, dann müssen wir uns unsere heimliche Komplizenschaft mit der Gewalt nicht mehr eingestehen."[23]

Selbstverständlich kann man eine „Kriminalgeschichte des Christentums" à la Karlheinz Deschner schreiben. Ebenso leicht ließe sich eine Kriminalgeschichte der Rechtsstaaten schreiben, indem man auf diejenigen Politiker und Richter verweist, die ihre Macht missbrauchen. Genauso wenig aber wie ein Richter, der sein Amt missbraucht, ein Argument gegen die Sinnhaftigkeit der Rechtsstaatlichkeit darstellt, genauso wenig ist ein Bischof, der sein Amt missbraucht, ein Argument gegen die Sinnhaftigkeit der christlichen Botschaft.

Blüte und Zerfall der Klöster
unter den Karolingern

In der ersten Hälfte des 9. Jahrhunderts kommt es unter den Karolingern zu einer Phase wirtschaftlichen und kulturellen Aufschwungs. Am Kaiserhof versammeln sich die bedeutendsten Gelehrten der Zeit. Die Klöster gewinnen zunehmend an Bedeutung. Gerade weil sie die Abgeschiedenheit von der Welt gesucht hatten, trugen sie wesentlich zur Erschließung und Urbarmachung unbesiedelter Gebiete bei. Klosterbau und Betrieb zogen Handwerker, Händler und Lohnarbeiter an. So entstanden um die Klöster herum oft Siedlungen oder ganze Städte, wie beispielsweise Fulda und Essen. Mit den Klöstern entwickelten sich Infrastruktur und wirtschaftliches Wachstum. Davon wiederum profitierten die Herrscherhäuser. Sie förderten und beschenkten Klöster, gewährten ihnen Privilegien, wollten diese neue Infrastruktur aber auch für sich nutzen. Klöster mussten den kaiserlichen Hof auf seinen Reisen beherbergen und bewirten, was eine äußerst kostspielige Angelegenheit sein konnte.

Anfang des 9. Jahrhunderts entsteht der berühmte Klosterplan von St. Gallen. Er zeigt, wie ein Kloster idealerweise angelegt sein sollte. Hier wird auf einen Blick all das sichtbar, was Klöster zu unserer Lebenskultur beitragen werden. Im Zentrum stehen Klosterkirche und Kreuzgang, Ausdruck von Spiritualität und Kunst, denn nirgendwo sonst werden sich im Mittelalter Architektur, Malerei und Musik so entfalten können wie hier. Daran angrenzend Bibliothek und Schulhaus, Ausgangspunkt für die Entwicklung von Bildung und Wissenschaft. Schlafsaal mit getrenntem Bad und davon unabhängigem Abort sowie Arzthaus zeigen ein Bewusstsein für Hygiene. Krankenhaus und Pilgerhaus verweisen auf die den Klöstern seit frühester Zeit eigene soziale Verpflichtung gegenüber Armen und Kranken. Und schließlich noch eine große Anzahl von

Wirtschaftshäusern, Gartenanlagen und Stallungen, Ausdruck einer sich entwickelnden Wirtschaftskultur.

In den Klöstern entsteht unser Bewusstsein für soziale Verantwortung und die Voraussetzung für einen kulturellen und wirtschaftlichen Austausch über alle Grenzen hinweg. Es sind die Klöster, die konsequent Wissen sammeln, erhalten und weitergeben.

Für die kulturelle Blütezeit des Frühmittelalters steht das Kloster S. Vincenzo al Volturno wie kaum ein zweites. Zu Beginn des 8. Jahrhunderts gegründet, nicht allzu weit von Montecassino gelegen, entwickelte es unter fränkischer Herrschaft seine volle Blüte. In den Klosterwerkstätten versammelten sich alle Arten bedeutender Handwerkskunst. „Bei den Ausgrabungen entdeckte man Brennöfen für Dachziegel und Fußbodenkacheln, für Metallarbeiten in Bronze und Kupfer, eine Grube für den Glockenguss, eine Werkstatt für Beinschnitzereien, die Kämme und Heiligenfigürchen produzierte, eine Goldschmiede und Emailwerkstatt und eine ausgedehnte Glaserwerkstatt – die älteste im frühmittelalterlichen Europa nachgewiesene –, in der Schalen, Teller, Trinkkelche, zahlreiche Lampen und die Fensterverglasungen hergestellt wurden.“[24] Das Kloster mit seinen großartigen Wandmalereien, Heiligendarstellungen und vielfarbigen Glasfenstern übertraf selbst die Pracht Montecassinos.

In der zweiten Hälfte des 9. Jahrhunderts bricht das karolingische Frankenreich in sich zusammen. Von innen geschwächt durch die Aufteilung der Macht unter die Söhne Ludwigs des Frommen, wird es Opfer zahlreicher Plünderungs- und Zerstörungswellen. Von Osten drängen die Ungarn in das Reich. Von Süditalien aus brandschatzen die Sarazenen. S. Vincenzo al Volturno wird 881 vernichtet, zwei Jahre später Montecassino, das nach seiner Zerstörung durch die Langobarden im 6. Jahrhundert erst 729 wieder besiedelt worden war. Von Nordwesten fallen die Normannen ein und machen Klöster und Städte dem Erdboden gleich. Sie werfen ganze Landstriche zurück in tiefste Provinzialität und sorgen für ein Ende des kulturellen und wirtschaftlichen Aufschwungs Europas.

Das Frühmittelalter startete also einen ersten Versuch, unter christlichem Banner zusammenzuwachsen. Dies führte zu größerer Stabilität und Sicherheit und begünstigte eine kulturelle und wirtschaftliche Entwicklung, die maßgeblich von den Klöstern angestoßen und vorangetrieben wurde. Die politische Alternative dazu waren Anarchie und Rückfall in steinzeitliche Verhältnisse durch zerstörerische Beutezüge kriegerischer Volksstämme.

Buchmalerei

Die Buchmalerei ist ein gutes Beispiel für die kulturbereichernde Arbeit der Klöster. Bis ins 12. Jahrhundert hinein ist sie eine Kunstform, die fast ausschließlich in Klöstern stattfindet. Es sind in erster Linie religiöse Texte, die die Mönche vervielfältigen, daneben aber auch naturwissenschaftliche oder enzyklopädische Werke. Erst mit dem Aufkommen der Universitäten und dem Rückgang des Analphabetismus verlagert sich die Buchproduktion allmählich in die Städte.

Das geheftete Buch zum Umblättern ist seit dem 4. Jahrhundert bekannt. Es tritt an die Stelle der in der Antike üblichen Buchrolle. Obwohl Papier bereits im 2. Jahrhundert in China erfunden wird, benutzen die Mönche im Westen weiterhin Pergament, das heißt: bearbeitete Tierhaut. Sie wird lange Grundstoff für die Buchproduktion bleiben, vereinzelt sogar noch nach der Erfindung des Buchdrucks im 15. Jahrhundert.

Die Herstellung eines Buchs war nicht nur unglaublich zeitaufwendig, sondern auch äußerst kostspielig: „Für die Winchester-Bibel brauchte man die Haut von 250 Kälbern, und für eine monumentale Vollbibel benötigte man etwa 500 Tiere."[25] Die Mönche arbeiteten nicht nur wegen des teuren Materials mit größter Detailliebe und Kunstfertigkeit, sondern auch, weil sie sich als Handwerker Gottes verstanden.

Einige der uns erhaltenen Bücher dieser Zeit gehören zu den größten damals geschaffenen Kunstwerken. Dabei kannte die Buchmalerei vier Hochphasen. Zunächst einmal die berühmten Handschriften aus irischen und nordenglischen Klöstern, vermutlich aus dem 7. Jahrhundert. Das vielleicht bedeutendste Werk unter ihnen ist das „Book of Kells". Daran schließen prachtvolle Arbeiten aus der Zeit der Karolinger 780 bis 860 an. Ein Beispiel ist das „Krönungsevangeliar", das am Hofskriptorium in Aachen entsteht. Ein nächster Höhepunkt sind die Werke, die zwischen 960 und 1020 unter ottonischer Herrschaft geschaffen werden, darunter die „Bamberger Apokalypse" aus dem Bodenseekloster Reichenau. Und schließlich folgt eine letzte Hochphase klösterlicher Buchmalerei zwischen dem 11. und 13. Jahrhundert. In diese Schaffenszeit fallen etwa die englischen „Riesenbibeln".

Monastische Reformbewegungen im Hochmittelalter

Nun ist es nicht so, dass sich die Geschichte in vorbildliche christliche Herrscher, Päpste und Bischöfe auf der einen und unmoralische selbstsüchtige Kriegstreiber auf der anderen Seite aufteilt. Heute verliert ein Politiker sein Amt, wenn herauskommt, dass er die Regeln der Rechtsstaatlichkeit verletzt hat. Damals gab es keinen Rechtsstaat, und ein Herrscher hätte nicht lange überlebt, wäre er nicht bereit gewesen, die üblichen politischen Mittel seiner Zeit auch einzusetzen.

Und so verschwimmen die Grenzen zwischen richtig und falsch. Die Söhne Ludwigs des Frommen bekriegen sich gegenseitig und schrecken nicht davor zurück, Zweckkoalitionen mit den einfallenden Volksstämmen einzugehen. Der Bischof und Herzog von Neapel erweist sich nicht etwa als Schutzkraft gegen die Sarazenen, sondern vielmehr als ihr Auftraggeber.[26]

Eines wird aus alldem deutlich: Es ist kompliziert und oft auch nicht möglich, den positiven Einfluss des Christentums dort zu suchen, wo es um Macht und Ämter geht. Wir müssen eher dort Ausschau halten, wo Menschen Ämter und Besitz aufgeben, um christliche Werte wirklich zu leben.

Die Verwahrlosung vieler Klöster in der zweiten Hälfte des 9. Jahrhunderts durch Zerstörung und Vertreibung ging Hand in Hand mit einem Verfall der inneren Lebenskultur. Dies lag einerseits an den politisch instabilen Verhältnissen, die ein geregeltes Klosterleben oft nicht mehr möglich machten, andererseits an der stetig wachsenden Einflussnahme durch so genannte Eigenkirchenherren. Klöster waren ja nicht Eigentum der Mönche, sondern sie gehörten entweder dem König, dem Bischof oder einem Adligen. Durch die Forderung von Abgaben, die Ausübung der Gerichtsbarkeit oder die Abtwahl waren sie in der Lage, das Kloster-leben stark zu beeinflussen. Mit zunehmender Attraktivität der Klöster konnte es passieren, dass sich der Eigenkirchenherr selbst zum Laienabt erklärte, natürlich ohne gleichzeitig ein Mönchsgelübde abzulegen. Infolgedessen verwandelte sich so manche Abtei in einen Ort weltlichen Lebensstils.[27]

Als in der ersten Hälfte des 10. Jahrhunderts durch den Rückzug der Normannen die politischen Verhältnisse wieder etwas ruhiger werden, kommt es zu mehreren großen Reformbewegungen, mit dem Ziel, das ursprüngliche Klosterleben unter der Benediktsregel wiederherzustellen. Die bedeutendste Erneuerungsbewegung geht von einer Kloster-gründung im burgundischen Cluny aus. Der Eigentümer, der Herzog von Aquitanien, verzichtet auf jegliche weltliche Einflussnahme und unterstellt den Klosterbesitz direkt dem Schutz des Papstes.

Unter diesen Bedingungen konnten die ersten Äbte Berno und Odo daran arbeiten, das Christentum durch ein Leben in Armut, Gebet und Nächstenliebe zu erneuern. Das Klosterleben von Cluny überzeugte durch Frömmigkeit und Engagement, und mit der Zeit schlossen sich weitere Abteien an, deren Eigenkirchenherren bereit waren, auf ihren weltlichen Einfluss zu verzichten. Was noch unter Abt Odo aus gerade mal zwölf Mönchen bestanden hatte, wuchs zu einem Klosterverband heran, dessen Konvente sich auf weite Teile Europas erstreckten. „Zur Zeit seiner größten Ausdehnung am Ende des 11. Jahrhunderts zähl-ten allein im heutigen Frankreich über 1200 Klöster mit über 20.000 Mönchen zum cluniazensischen Klosterverband."[28] Entsprechend seiner Bedeutung war die Abteikirche von Cluny um 1100 die größte Kirche des Abendlandes. Etwa 700 Jahre später sollte das Kloster weitgehend zerstört und als Steinbruch missbraucht werden, wie so viele weitere berühmte Klöster und Kirchen, die ebenfalls Opfer der Französischen Revolution wurden.

Es sind vor allem zwei Dinge, die das Klosterleben von Cluny ausmachen: Einerseits ein intensives Gebetsleben mit besonderem Augenmerk auf die Fürbitte für die Verstorbenen. Abt Odilo (* 961/62; † 1048) erklärt den 2. November zum Gedenktag für alle Verschiedenen. Das Datum verpflichtet jeden Priester zur Feier einer Totenmesse. Eine Tradition, aus der später Allerseelen hervorgeht. Andererseits stellt die Sorge um Bedürftige ein zentrales Anliegen des Klosters dar. So geben die Mönche von Cluny „im 12. Jahrhundert jährlich 17.000 Armenspeisungen aus, eine Zahl höher noch als jede damalige Stadtbewohnerschaft"[29].

Ein Mönch hatte Anspruch auf 30 Totenmessen und den Eintrag seines Namens in das Nekrolog, das an den Todestag erinnerte und jedes Jahr erneut zu einer Seelenmesse verpflichtete. An jede Toten- und Seelenmesse war wiederum eine extra Armenspeisung gekoppelt – die Essensration des Verstorbenen sozusagen. Diese Regelung wurde für Abt Petrus Venerabilis (* 1092/94; † 1156) zum Problem, weil aufgrund des ungemeinen Zulaufs die Zahl der Namenseintragungen im Nekrolog langsam ins Unermessliche stieg. „Er begrenzte die auszugebenden Armenspeisungen, unabhängig der im Nekrolog verzeichneten Namen, auf maximal 50 pro Tag."[30]

Die cluniazensische Reformbewegung warf auch politische Fragen auf. Wenn Cluny von weltlichen Einflüssen befreit worden war, musste dann nicht auch die Kirche insgesamt unabhängiger werden von der Einlussnahme weltlicher Herrscher? Warum sollte der Kaiser über das Papsttum, Laien über kirchliche Ämter (Laieninvestitur) verfügen dürfen? „Unter Papst Gregor VII. kulminierte die Forderung nach der libertas ecclesiae in einem Machtstreit zwischen Kaiser und Papst. Das Erdbeben, das Zeitgenossen zufolge die Welt aus den Angeln hob, als Gregor 1076 den Bannfluch gegen König Heinrich IV. schleuderte, hatte seinen Ausgang im burgundischen Cluny genommen."[31]

Auf Cluny folgen zahlreiche weitere Reformbewegungen. Gotteshäuser und Klöster sprießen wie Pilze aus dem Boden, was ein französischer Mönch im 11. Jahrhundert folgendermaßen beschreibt: „Es war, als wollte die Welt ihr Alter abschütteln, um sich mit dem leuchtenden Gewand von Kirchen zu bekleiden."[32] Den verschiedenen Erneuerungsbewegungen des Hochmittelalters ist eines gemeinsam – sie wollen zurückfinden zu wahrer Frömmigkeit, zu einem Leben in Armut und Nächstenliebe.

Die einen tun dies im Zusammenspiel mit geistlicher und weltlicher Macht. Die lothringische Reform wird maßgeblich von den Bischöfen getragen und von den weltlichen Herrschern unterstützt. Sie geht aus vom Kloster Gorze, das im 8. Jahrhundert als Bischofskloster gegründet worden war. Die Bischöfe waren entweder selbst Abt gewesen oder sie hatten Laienäbte gestellt, unter deren Führung der Besitz veruntreut und die Disziplin vernachlässigt worden waren. 934 übergibt der Bischof von Metz Gorze an eine Gruppe von Eremiten und Klerikern, die mit Erfolg und großer Wirkkraft auf andere Konvente das benediktinische Lebensideal wiederzubeleben beginnt.

Andere, wie das Schwarzwaldkloster Hirsau, orientieren sich an der cluniazensischen Erneuerungsbewegung und fordern die Unabhängigkeit von weltlicher Macht. Im Investiturstreit, dem Konflikt um die Rückgewinnung kirchlicher Zuständigkeiten, etwa der Vergabe geistlicher Ämter, steht man infolgedessen auf der Seite des Papstes und argumentiert gegen den König. Die Hirsauer Reformbewegung breitet sich vor allem im deutschsprachigen Raum aus, beispielsweise in St. Blasien oder St. Emmeram in Regensburg, wo Wilhelm von Hirsau, erster Abt und Treibkraft dieser Reform, seine Ausbildung erhielt.

Es sind aber nicht nur die Mönche, sondern auch die Kleriker, also die für den liturgischen Dienst und die Seelsorge Verantwortlichen, die ein Reformbedürfnis verspüren. Im Gegensatz zu den Mönchen beziehen sie ein regelmäßiges Einkommen. Als Kanoniker konnte ein Adliger seinen Lebensstandard eher beibehalten als hinter Klostermauern verborgen, weshalb auch der Kauf dieser Ämter nicht unattraktiv war. Nun fordern einzelne Kleriker strengere Regeln auch für den eigenen Stand. Sie berufen sich auf Texte des heiligen Augustinus und verpflichten sich als so genannte Regularkanoniker zu Besitzlosigkeit, Keuschheit und Nächstenliebe. „Ein Leben in Armut und Gemeinschaft wie in der Urkirche zu verwirklichen und doch das Wort Gottes durch Predigt und Seelsorge nach außen zu tragen, war für sie die ideale Form der Christusnachfolge."[33]

Die Reformbewegung der Regularkanoniker breitet sich im Verlauf des 11. und 12. Jahrhunderts auf zahlreiche Stifte aus. Auch Norbert von Xanten, ein Kleriker des 12. Jahrhunderts, lässt sich davon inspirieren. Er will Armut und Predigt miteinander verbinden. Seine Laufbahn führt ihn zunächst in verschiedene Reformklöster. Anschließend zieht er als Wanderprediger durchs Land und gründet die Gemeinschaft von Prémontré, woraus der Orden der Prämonstratenser hervorgeht. 1128 wird er Erzbischof von Magdeburg. „Damit wurde aus dem Prediger einer Reform ‚von unten' ein Kirchenmann, der die von ihm propagierte Lebensweise durch eine Reform ‚von oben' durchzusetzen versuchte."[34]

Wieder andere meinen, gerade in der Verbindung zwischen mönchischer Gemeinschaft und Eremitentum läge die wahre geistliche Lebensform. So auch der Mönch Romuald (* um 951; † 1027), dessen Lebensweg durch zahlreiche Klöster und Einsiedeleien führt, bevor er schließlich Camaldoli gründet – eine Anlage, die mönchische und eremitische Lebensformen miteinander verbindet. Im Kloster selbst leben die Mönche nach der Benediktsregel und bereiten sich auf ein Leben in noch strengerer Askese vor: im nahe gelegenen Eremus. Noch heute ist Camaldoli das Zentrum der Camaldulenser.

Auch die Klostergründung von Vallombrosa in der Nähe von Reggello (Toskana) im Jahr 1037 hatte eremitischen Charakter. Die Vallombrosaner legten Wert auf Abgeschiedenheit, Armut, geistige und körperliche Arbeit. Ihr Gründer Johannes Gualbertus trat gleichzeitig als vehementer Kämpfer gegen den Ämterkauf in der Kirche hervor.

Noch bekannter ist der Orden der Kartäuser. Der Name leitet sich ab vom Massif de la Chartreuse nahe Grenoble, dem Ort, an dem Bruno von Köln 1084 eine erste Einsiedelei gründete. Die Klosteranlage, die Kartause, legt besonderen Wert auf Abgeschiedenheit. Typisch ist die symmetrische Anordnung einzelner Zellen um Kreuzgang und Kirche herum. In diesen Holzhäuschen verbringen die Mönche die meiste Zeit mit Gebet, Studium und Schreibtätigkeiten, vorgeschrieben von ihrem Gründervater Bruno, der selbst die Domschulen von Köln und Reims geleitet hatte. Es herrscht fast durchgehend Schweigegebot. Selbst die sehr bescheidenen Mahlzeiten werden allein in den Zellen eingenommen. Man trifft sich nur zum Chorgebet und zu einem sonntäglichen Spaziergang, bei dem auch gesprochen werden darf. Mönchische Gemeinschaft und Einsiedelei liegen bei den Kartäusern an ein und demselben Ort. „Ihre Strenge und Weltabgewandtheit sicherte ihnen das ganze Mittelalter hindurch eine große Anziehungskraft. Petrus Venerabilis sah in der Lebensweise der Kartäuser den Gipfel monastischen Lebens verwirklicht. Einmal im Jahr zog sich der Abt von Cluny von seinen aufreibenden Amtsgeschäften in die Abgeschiedenheit der Chartreuse zurück."[35]

Wie all die anderen Klostergründer und Reformer war auch Robert, der Abt von Molesme, auf der Suche nach einem geistlichen Neuanfang. Er kritisierte den wachsenden Reichtum Clunys mit seinen prunkvollen Prozessionen, die seiner Auffassung nach mit einem Leben in Demut und Askese nichts mehr zu tun hatten. Als sich allerdings der gute Ruf seines eigenen Klosters verbreitet, beginnen die Zuwendungen der Adligen auch nach Molesme zu fließen, und innerhalb kurzer Zeit steht Robert vor dem gleichen Problem. Daraufhin verlässt er Molesme und gründet 1098 in Citaux südlich von Dijon ein neues Kloster, das er Novum Monasterium nennt. Unter seinen Nachfolgeäbten wird Citaux das Zentrum des Zisterzienserordens. Auch Robert ging es darum, ein streng asketisches Leben nach der Benediktsregel zu führen, in kontrollierter Abgeschiedenheit von der Welt.

Im Gegensatz zu anderen Klöstern, in denen sich Vollmönche fast ausschließlich mit Gebet, Lektüre oder Schreibarbeit beschäftigen, während Laienbrüder für die körperliche Arbeit zuständig sind, legen die Zisterzienser zunächst großen Wert darauf, dass sich jeder Einzelne an der Handarbeit beteiligen muss. Im Verlauf des 12. Jahrhunderts verbreitet sich der Orden explosionsartig in ganz Europa. Mit seinem Erfolg wächst auch der Reichtum der Klöster. Trotzdem halten die Mönche am Prinzip der persönlichen Besitzlosigkeit und Armut fest und achten darauf, dass sich dies auch in der Schlichtheit ihrer Bauten widerspiegelt. Alles ist „untersagt, was auf superbia (Stolz, Hochmut) und superfluitas (Überfluss) hindeutet"[36]. So verzichten Zisterzienser zum Beispiel auf farbiges Glas und verwenden stattdessen Grisaillefenster. Die schlichte Schönheit der Zisterzienserbauten sollte die Konzentration auf das Wesentliche unterstützen.

Aber auch die Zisterzienser werden ihre strengen Vorsätze nicht immer durchhalten können. Ihre baulichen Regeln weichen ab Ende des 13. Jahrhunderts langsam auf. Und auch das Prinzip der körperlichen Arbeit für alle macht schon bald der üblichen Arbeitsteilung zwischen Vollmönch und Laienbruder Platz.

Aus heutiger Sicht mag einem die klare Trennung zwischen Mönchen und nicht geweihten Laienbrüdern – den Konversen – seltsam vorkommen. Schließlich hatte Benedikt von Nursia selbst die Aufgabe aller Standesunterschiede im Kloster gefordert. Im Gegensatz zu anderen Abteien konnte bei den Zisterziensern nur ein Priester Mönch werden. Dafür musste er lesen können, weshalb in den Mönchskonvent fast ausschließlich Adlige aufgenommen wurden. Die Laienbrüder waren Nichtadlige, die die Arbeiten in Handwerk und Landwirtschaft übernahmen.

Diese hierarchische Trennung ist ein gutes Beispiel dafür, dass Aspekte, die aus heutiger Sicht am damaligen Klosterleben etwas fragwürdig erscheinen, für die damalige Zeit eine Ursache für den großen Erfolg des Zisterzienserordens darstellten. Adlige und Konversen strömten in die Zisterzienserabteien, gerade weil dort jeder einen für ihn gesellschaftlich selbstverständlichen Platz fand.

Bernhard von Clairvaux und die Kreuzzüge

Der bekannteste Zisterzienserabt ist Bernhard von Clairvaux (* um 1090; † 1153), von vielen schon zu Lebzeiten als Heiliger verehrt. Zusammen mit einer Handvoll Geschwister und Verwandter gründete er 1115 die Zisterze Clairvaux, sozusagen als Familienunternehmen, was für die damalige Zeit nicht ungewöhnlich war. Mönche zogen in die Einöde, begannen zu roden und erste Unterkünfte zu errichten, zunächst vor allem als Schutz gegen Tiere und Räuber. Auch Clairvaux wird im Laufe der Zeit Schenkungen erhalten, doch die ersten Jahre müssen sehr hart gewesen sein. „So verfügten die Brüder nur über Brot aus Gerste, Hirse und Spelt, Salat aus Buchenblättern und Wurzelgemüse, Grütze und Bohnen, über ungenügende Kleidung und Behausung."[37]

Diejenigen, die kommen, um der Zisterze beizutreten, müssen entsprechend der Benediktsregel vier bis fünf Tage vor dem Kloster warten, um ihre Standfestigkeit zu beweisen. Im Kloster selbst werden alle Mönche gleich behandelt, unabhängig vom Ansehen, das der Einzelne gemäß seines Standes bisher genossen hat. Dies gilt auch für den Bruder des französischen Königs, der 1146 in das Kloster eintritt.

Aus Bernhards Sicht war das Mönchsleben in Gebet und Armut die beste Möglichkeit, die Seele auf den Himmel vorzubereiten. Das Klosterleben sollte dem der Engel gleichen. Sehr viel schwieriger war es, diesen Weg als Bischof oder selbst als Papst zu beschreiten. Die Ämter waren ja keine rein geistlichen, sondern mindestens so sehr weltliche. Und dies wiederum barg große Gefahren für das Seelenheil. Aus diesem Grund beschwerte sich Bernhard lauthals bei den Kardinälen, die im Jahr 1145 den ersten Zisterzienser zum Papst wählten: Eugen III. († 1153). „Er war auf dem rechten Weg, warum habt ihr ihn in die Irre geführt?"[38] Ein erstaunlicher Vorwurf für jemanden, der weit davon entfernt war, das

Papstamt in Frage zu stellen oder die Trennung von Reich und Kirche zu fordern. Bernhard wird unzählige Male dazu verpflichtet werden, dem Ruf des Papstes zu folgen und sich für dessen geistliche und weltliche Belange einzusetzen, beispielsweise im Streit der beiden Kontrahenten Innozenz und Anaklet, die beide für sich das Amt des römischen Bischofs beanspruchten. Auch wenn ihm die Verfehlungen Geistlicher mit weltlichen Machtbefugnissen schmerzlich bewusst waren, konnte er sich gemäß dem Denken seiner Zeit nicht dazu durchringen, ihre Entweltlichung zu fordern.

Ebensowenig war Bernhard, der selbst Sohn eines Ritters war, in der Lage, sich von den damaligen Vorstellungen zu lösen, denen zufolge Krieg nicht nur vollkommen selbstverständlich und legitim ist, sondern sogar ritterlich und edel. Selbst eine so überzeugend christliche Gestalt wie der Abt von Clairvaux hatte mit einem inneren Widerspruch zu kämpfen: dem zwischen christlichem Ideal und kultureller Selbstverständlichkeit.

Auf der einen Seite setzt sich Bernhard als Mittler in weltlichen Angelegenheiten oft genug für den Frieden ein. Mit seinen Reflexionen über die Liebe leistet er einen großen Beitrag zur Verinnerlichung und Vertiefung dieses Begriffs. Auf seinen Reisen wird er geradezu verfolgt von Menschen, die sich von ihm Heilung versprechen. Und tatsächlich gibt es unzählige Berichte über Wunderheilungen durch den asketischen Abt.

Auf der anderen Seite setzt er dem Rittertum kein pazifistisches Ideal entgegen, sondern macht eifrig Werbung für die Kreuzzüge. „Ich unternehme es …, gegen die feindliche Macht der Tyrannen meinen Griffel zu schwingen, da es mir nicht erlaubt ist, dies mit der Lanze zu tun."[39] Er verspottet den Prunk, die Habgier und die Eitelkeit weltlicher Ritter und lobt die neuen Ritterorden, die nun entstehen. „Durch Zucht und Gehorsam zeichnen sie sich aus, ihre Kleidung und Nahrung ist ohne jeden Überfluss, ihr gemeinsames Leben einmütig, arm und keusch."[40] Insbesondere der Templerorden verdankt Bernhard viel von seinem Erfolg. Auch wegen seiner Werbung waren sie bereits 1131 „in so gutem Ruf, dass der König von Aragon ihnen ein Drittel seines Reiches vermachte ..."[41]. Bei alldem schlüpft Christus in die Rolle eines kriegerischen Gefolgsherren im mittelalterlichen Gewand und wird damit – durch den Einfluss gesellschaftlichen Denkens – wieder einmal seiner eigentlichen Bedeutung beraubt.

Die insgesamt sieben Kreuzzüge zwischen dem 11. und 13. Jahrhundert werden heute gerne als Ausdruck religiösen Fanatismus gesehen. Das Christentum habe einen heiligen Krieg geführt, ungewöhnlich brutal und blutrünstig, Vorbote des westlichen Kolonialismus. Der Islam könne in dieser Zeit eine höher entwickelte Kultur vorweisen, die sich gerade gegenüber Andersgläubigen als vergleichsweise tolerant erwiesen habe.

Das Neue Testament und das Leben Jesu fordern nicht zu Gewalt und Krieg auf, im Gegenteil: Der Aufruf zu Nächsten- und Feindesliebe, Gewaltlosigkeit, Mitleid, Vergebung und Selbstaufopferung könnte nicht deutlicher sein. Wie bereits gezeigt, musste sich christliches Denken einen schweren Weg bahnen, sei es durch die militärische Imperialgesellschaft der Römer, sei es durch barbarische Kriegergesellschaften wie die der Germanen. Und nun durch eine Zeit, in der Krieg als ritterlich und edel gilt.

Die allermeisten Mönche und Geistlichen des Hochmittelalters haben einen ritterlich-adligen Hintergrund und denken zeitgemäß in Kategorien von Feudalrecht, Vasallität und Gefolgschaft. Werbung für die Kreuzzüge findet in entsprechenden Bildern statt. „Unser König wird des Verrats angeklagt, man wirft ihm vor, dass er nicht Gott sei ... Wer sein Getreuer ist, muss aufstehen und seinen Herrn verteidigen ... Gott hat ein Turnier zwischen Hölle und Paradies ausgerufen und schickt jetzt nach seinen Freunden ..."[42]

Die auf uns befremdlich wirkende religiöse Kriegsrhetorik der damaligen Zeit vermittelt den oberflächlichen Eindruck, die Kreuzzüge seien willkürlich vom Zaun gebrochen worden, wegen der Andersgläubigkeit der Gegner, dem Profilierungswunsch von Päpsten oder aus materiellem Interesse. Die Mehrheit der christlichen Denker der damaligen Zeit argumentierte allerdings ganz anders, nämlich weitgehend im Sinne von Augustinus. „Bernhard besteht auf den Grundsätzen des gerechten Krieges; auch die Heiden dürften nicht bekämpft werden, hätten sie nicht zuerst zu den Waffen gegriffen."[43] Ebenso Thomas von Aquin. Kriege seien „nur so weit erlaubt und gerecht, als sie die Armen und den ganzen Staat vor den Anschlägen der Feinde schützen"[44]. Der Wunsch, Andersgläubige zum christlichen Glauben zu bringen, stellte keinen ausreichenden Grund dar, einen Krieg zu beginnen. Dieses Motiv spielte auch für die Kreuzzüge keine Rolle.[45]

Blicken wir hinter die Kulisse des damaligen Sprachgebrauchs, der tatsächlich den Eindruck eines heiligen Krieges erweckt, dann sehen wir, dass in Wirklichkeit die Kriterien eines gerechten Krieges sehr wohl erfüllt wurden. Denn schon seit seinen Anfängen stellte der Islam eine sehr konkrete Bedrohung für die Christenheit dar. 674 kommt es zur ersten Belagerung Konstantinopels. In der Folge reichen muslimische Eroberungen über Zentralasien bis nach Indien und die Grenzen Chinas, betreffen mit Palästina, Ägypten, Nordafrika und vor allem Spanien zahlreiche christliche Gebiete. Der Widerstand Karl Martells bei Tours und Poitiers gegen die islamische Invasion Galliens im Jahre 732 bis hin zur christlichen Koalition gegen die Belagerung Wiens im Jahre 1683 sind nur zwei Eckpunkte einer fast tausend Jahre anhaltenden Bedrohung Europas durch den Islam.

48

Der allmähliche Verlust des Heiligen Landes – seit dem 2. Jahrhundert christlicher Pilgerort – war schmerzhaft. Wallfahrten, die traditionell unbewaffnet stattfanden, wurden gefährlicher. Im Jahr 1008 zerstörte der Kalif El Hakim die Basilika des Heiligen Grabes – der Beginn einer Verwüstungswelle, der allein in den folgenden Jahren etwa 30.000 weitere christliche Kirchen zum Opfer fielen.[46]

Wir können nur darüber spekulieren, was den entscheidenden Ausschlag zur Rede Papst Urbans II. (* um 1035; † 1099) gegeben hat, in der er die Rückeroberung Jerusalems forderte. Eigentlich war er auf dem Konzil von Piacenza und Clermont im Jahr 1095 gerade mit Fragen der Kirchenreform beschäftigt. Kaiser Alexios von Konstantinopel hatte ihm Gesandte geschickt, die um Hilfe für ihre erneut bedrohte Stadt baten. Ein Turkvolk, die Seldschuken, hatten dem Kalifen von Kairo Syrien mit Jerusalem entrissen „und dann auch noch 1092 ein Sultanat in Nicäa unweit von Konstantinopel errichtet"[47]. Damit wurde die Situation sowohl für das orthodoxe Ostreich wie für das katholische Westreich wieder einmal bedrohlich.

Es ist sehr wahrscheinlich, dass die Kreuzzüge sowie die Verteidigungsbastionen der Ritterorden eine muslimische Invasion Europas verhinderten. So schreibt der Althistoriker Egon Flaig: „Wäre Konstantinopel 1100 gefallen, dann hätte die enorme militärische Kraft der türkischen Heere Mitteleuropa vierhundert Jahre früher heimgesucht, dann wäre die vielfältige europäische Kultur wahrscheinlich nicht entstanden: keine freien städtischen Verfassungen, keine Verfassungsdebatten, keine Kathedralen, keine Renaissance, kein Aufschwung der Wissenschaften; denn im islamischen Raum entschwand das freie – griechische! – Denken eben in jener Epoche. Jacob Burckhardts Urteil – ‚Ein Glück, dass Europa sich im Ganzen des Islams erwehrte' – heißt eben auch, dass wir den Kreuzzügen ähnlich viel verdanken wie den griechischen Abwehrsiegen gegen die Perser."[48]

Mit der Niederlage der türkischen Armeen vor Wien im Jahre 1683 beginnt die islamische Welt an Kraft zu verlieren. Bis dahin ist ihre Bedrohung für Europa so gefährlich, dass selbst konsequente Pazifisten, die die Idiotie einer christlichen Kriegsrhetorik kritisieren, im Falle des Islam immer noch eine Ausnahme sehen wollen. So beispielsweise Erasmus von Rotterdam (* um 1466–69; † 1536), der aus einem christlich-humanistischen Denken heraus einen radikalen Pazifismus forderte. Wer an Christus glaube, müsse sich für den Frieden einsetzen. „Aber angesichts der Türken-Gefahr, zumal der Schlacht bei Mohacs von 1526 und der Belagerung Wiens von 1529, wollte Erasmus doch keinen absoluten Pazifismus gepredigt haben."[49]

Auch im Rückblick auf die europäische Kriegsgeschichte insgesamt verwundert die heutige Inbrunst, mit der die Kreuzzüge als besonders furchtbar und brutal dargestellt werden. Teilweise liegt es daran, dass man Quellen wörtlich nahm, in denen Opferzahlen in Wirklichkeit maßlos übertrieben wurden. So wird beispielsweise von 100.000 Einwohnern Jerusalems gesprochen, obwohl „die wirkliche Einwohnerzahl Jerusalems 10.000 niemals überstieg … Im Ausmaß, in dem Grausamkeiten geschahen, unterschied sich die Eroberung Jerusalems nicht von anderen vergleichbaren Fällen."[50]

Die europäische Geschichte der letzten 2000 Jahre ist eine fast ununterbrochene Kriegsgeschichte. „Für die erste Hälfte des Mittelalters bis zum 11. Jahrhundert ergibt sich für die Kriegs- und Friedensjahre eine Relation von 5 zu 1; im 17. Jahrhundert blieben ganze sieben Jahre kriegsfrei und im 18. Jahrhundert sechzehn … Am Ende dieser Kriegsentwicklung stehen die Vernichtungsschlachten der beiden Weltkriege des 20. Jahrhunderts."[51] Im Laufe der Zeit werden die Kriege immer verheerender. Nicht nur steigt die Zahl der Kämpfenden – zur Zeit Karls des Großen besteht ein Heer noch aus etwa 5.000 bis 10.000 Menschen. Es sind vor allem die technischen Neuerungen seit Beginn des 16. Jahrhunderts,

Feuerwaffen und Kanonen, bis hin zu den Massenvernichtungswaffen unserer Zeit, die Kriege immer grausamer werden lassen.

Die Konflikte seit der Aufklärung des 18. und der Säkularisierung des 19. Jahrhunderts lassen mehr denn je an der moralischen Qualität des Menschen zweifeln. Wenn die Kreuzzüge die Kriterien eines gerechten Krieges immerhin so weit erfüllten, als sie die muslimische Invasion Europas verhinderten, dann kann man den Kriegen, die aus Kolonialinteresse oder gottlosen Ideologien heraus entstanden, keine vergleichbare Legitimation zusprechen. Sind wir also wirklich dazu berechtigt, uns so über die Menschen des Hochmittelalters zu erheben? Menschen, über die einer der besten Kenner der Kreuzzüge, Jonathan Riley-Smith, sagt: „Ich habe mich geweigert, ein Urteil über sie zu fällen."[52]

Die Gotik

Das hohe und späte Mittelalter sind dem Historiker Johan Huizinga zufolge Zeiten gewaltiger Leidenschaften. Diese äußern sich einerseits in Form von größter Brutalität und Grausamkeit. Blutrache war das Instrument, „das die Handlungen und Schicksale der Fürsten und Länder beherrschte"[53]. Sie treten aber auch hervor in Gestalt außergewöhnlicher kultureller Leistungen und beeindruckender Heiligkeit. Beispiele dafür sind die förmlich explodierende Architektur der Gotik, die Entwicklung der Musik zur Mehrstimmigkeit, die Philosophie eines Thomas von Aquin und die Natur- und Nächstenliebe eines Franz von Assisi. Europa schlägt nun einen Weg ein, der alle anderen Kulturen weit hinter sich zurücklassen wird.

Der Schritt in die Mehrstimmigkeit führt in eine neue Klangwelt, die im weiten Raum der neuen gotischen Kathedralen ihren perfekten Entfaltungsort findet. Notre Dame wird zum Inbegriff dieser Epoche des 12. und 13. Jahrhunderts. Der Bau der Pariser Kathedrale geht Hand in Hand mit neuen musikalischen Werken ihrer Meisterkomponisten Leonin und Perotin, die die bis dahin vorherrschende Einstimmigkeit der Gregorianik verlassen und in die Vielstimmigkeit aufbrechen.

Erfindungsdrang und technischer Fortschritt sind also bereits ein Phänomen der Frührenaissance des 12. Jahrhunderts. In der Musik ist es die zunehmende Akzeptanz von Terz und Sexte, die bald in die Gemeinschaft der wohlklingenden Konsonanten aufgenommen werden. Es ist eine Weiterentwicklung rhythmischer und melodischer Ideen, die mit der Notwendigkeit einhergeht, den neuen musikalischen Ansprüchen auch in einer ausgefeilteren Notenschrift gerecht zu werden. Es ist der Beginn des Kontrapunkts, mit einer relativ großen Gestaltungsfreiheit der einzelnen Stimmführungen. Den neuen Kompositionstechniken entsprechen die technischen Neuerungen der Baumeister. Das Kreuzgewölbe zur Aufteilung der Schwerkraft. Skelettartige Strebe- und Stützpfeiler, die das Gewicht nach außen hin ableiten und die Kathedralen so stabil machen, dass ihnen selbst ein Orkan nichts anhaben kann. Wasserspeier, die den Regen vom Mauerwerk fernhalten.

Hier beginnt ein Aufbruch in die Moderne, dessen Kraft sich aus dem christlichen Wunsch erklärt, eine Ahnung himmlischer Harmonie und Schönheit schon im Diesseits darzustellen. Grundlage der Gotik ist die Beschreibung des himmlischen Jerusalem in der Offenbarung des Johannes. Die Kathedralen werden immer höher, durch schlanke Säulen schwereloser, durch bunte Glasfenster lichtdurchlässiger und farbenfroher. Sie sind voller Fantasie, Kreativität und Freiheit. Und sie weisen nach Osten, in Richtung Jerusalem.

Thomas von Aquin hält die Musik für „die vornehmste aller Wissenschaften … Denn keine Wissenschaft wagte es, außer der Musik allein, in den Kirchenraum einzudringen"[54]. Für die Christen spielte sie schon immer eine wesentliche Rolle. Der Philosoph Philo erwähnt den Lobgesang christlicher Gemeinden schon um das Jahr 50. Augustinus beschreibt in den Konfessionen, wie sich die verfolgten Christen mit der Musik selbst Mut zusprechen und trösten.[55] Wir finden sie im Neuen Testament. Bei Paulus heißt es: „Ermuntert einander mit Psalmen und Lobgesängen und geistlichen Liedern, singt und spielt dem Herrn in eurem Herzen" (Eph 5,19; Kol 3,16; 1Kor 14,26).

Der frühchristliche Gesang wurde vermutlich stark durch die Tradition jüdischer Tempelgesänge beeinflusst, in die wiederum eine Anzahl unterschiedlicher morgenländischer Musikideen mit eingeflossen war. Außerdem übernahm das Christentum die Vorstellungen der griechischen Musiktheorie samt ihrer Konsonanten- und Tonartenlehre. Auf dieser Grundlage entwickelt sich im Laufe der Zeit eine eigene Musiksprache mit immer neuen Ausdrucksformen, die sich mit dem Schritt in die Mehrstimmigkeit endgültig von ihren morgenländischen Ursprüngen lösen und eine eigenständige abendländische Kultur begründen.

Einer der ersten Wegbereiter des lateinischen Kirchengesangs ist Bischof Ambrosius von Mailand (* 339; † 397), der selbst viele Stücke komponiert. Papst Gregor I. (* um 540; † 604) bündelt dann das immer unüberschaubarer werdende Liedgut der Kirche in einem Gesamtwerk und gründet eine Gesangsschule in Rom. „Geistliche aus aller Welt kamen zu den Schulungskursen, um nach der Rückkehr an ihre Wirkungsstätte diese Gesänge zu pflegen und weiter bekannt zu machen.“[56] Bonifatius errichtet nach diesem Vorbild Gesangsschulen an den Bischofssitzen Würzburg, Eichstätt und Fulda. Klöster wie Reichenau und St. Gallen ziehen nach. Unter Pippin und Karl dem Großen entwickelt sich schließlich ein „lückenloses System klösterlicher Musikhochschulen“[57]. Hier entstehen auch die Vorformen der modernen Notenschrift, etwa die Neumen im 9. Jahrhundert oder das Vierliniensytem des Benediktiners Guido von Arezzo im frühen 11. Jahrhundert. Und es werden immer neue Musikformen erfunden, wie die Mysterienspiele ab dem 9. Jahrhundert, die vermutlich auch die Entstehung der Renaissanceoper mit beeinflussen. Der größte musikalische Fortschritt ist aber der Beginn der mehrstimmigen Komposition. Sie führt in die einzigartige abendländische Kultur homophoner und polyphoner Klänge – Grundstein eines neuen musikalischen Europa.

Die Kunst als Spiegel einer Gesellschaft

Obwohl mit dem aufkommenden Bürgertum des 14. Jahrhunderts die weltliche Musik zunehmend an Gewicht gewinnt, bleibt das Christliche bis in unsere heutige Zeit hinein eine Inspirationsquelle, die in allen Kunstgattungen große Meisterwerke hervorbringt. Wenn an dem Bild der Kunst als Spiegel einer Gesellschaft etwas dran ist, schneidet das Christentum sehr gut ab. Totalitäre Systeme wie Nationalsozialismus und Kommunismus kommen dagegen schlecht weg. Hier findet Kultur fast nur noch im Verborgenen statt.

Es ist eine spannende Frage, warum sich Kunst wann auf welche Weise entwickelt. Warum hat das Christentum Notre Dame oder die Matthäuspassion hervorgebracht und der Kommunismus eher grob anmutende Arbeiterchöre, peinliche Stalingedichte oder öde Plattenbauten?

Bleiben wir bei dem Vergleich Christentum/Kommunismus, dann fällt zunächst einmal auf, dass der christliche Glaube zu einer Vielzahl von Einzelinitiativen führte. Die ganze Geschichte der Kloster- und Ordensgründungen ist voll von Personen, die ihr bisheriges Leben hinter sich ließen, um etwas Neues aufzubauen, etwas, das den kulturellen, sozialen und wirtschaftlichen Aufbau Europas ganz entscheidend beeinflusste.

Aus christlicher Sicht sind die Menschen in ihrer Würde vor Gott gleich, nicht aber in ihren Talenten. Der Kommunismus pervertiert diese Unterscheidung. Die Würde wird zu einer Angelegenheit des Staates, der sie nur dem hörigen sozialistischen Bürger zuspricht, dafür aber die Menschen in ihren unterschiedlichen Begabungen künstlich gleichschaltet. Jegliche Lust zur Eigeninitiative erstickt er damit bereits im Ansatz.

Vieles kann die Kunst inspirieren: die Natur, ein berechtigtes politisches Anliegen, eine ideelle oder religiöse Überzeugung. Wer sich aber in ideologischen Engführungen verrennt, wird bei allem handwerklichen Können in der Regel etwas schaffen, das zumindest einen unangenehmen oder lächerlichen Beigeschmack hat. Plump wirkt zum Beispiel der Arbeiterchor in Schostakowitschs 2. und 3. Symphonie, die in seine noch von kommunistischen Ansichten geprägte Frühphase fällt. Hochgradig lächerlich wirkt das Stalingedicht „Danksagung" von Johannes R. Becher, dem ehemaligen Kulturminister der DDR. Dagegen vermitteln die Werke Bachs den Eindruck von Tiefe und Wahrheit. Ihnen liegt eine Erfahrung zugrunde, die durch und durch sinnvoll und gut erscheint: der liebende Gott.

Im Christentum gab es heftige Auseinandersetzungen um die Frage der Armut, beispielsweise im Streit zwischen Papst und dem sich aufspaltenden Minoritenorden. Eigentlich formuliert die christliche Offenbarung ein klares Armutsideal, der Kommunismus dagegen nicht. Umso erstaunlicher, dass christliche Gesellschaften ein relativ hohes Wohlstandsniveau erreichten und die sozialistischen Staaten in die unfreiwillige Armut abglitten.

Aus kultureller Sicht können wir froh sein, dass sich in der Vergangenheit des Christentums nicht ausschließlich der Hang zu Askese und Eremitentum durchsetzten, denn Kunst und Kultur hängen eben auch vom Wohlstand einer Gesellschaft ab.

Die mittelalterliche Zeit war weit davon entfernt, gerecht zu sein. Die Schere zwischen Arm und Reich war gewaltig. Die Prunksucht des Adels nahm abartige Dimensionen an. „Eine so maßlose Übertreibung wie die Kleidertracht zwischen 1350 und 1480 hat die Mode späterer Zeiten nicht wieder erlebt … Ein einziges Hofkostüm wird mit Hunderten von Edelsteinen überladen … Da trägt man die langen Schuhschnäbel oder ‚poulaines', die sich die Ritter bei Nikopolis abschneiden mussten, um fliehen zu können; … Das Trauergewand, in dem Philipp der Gute nach

der Ermordung seines Vaters den König von England in Troyes empfängt, ist so lang, dass es von dem hohen Ross, auf dem er reitet, bis auf
den Boden hinabreicht."[58] Die Hoffeste überbieten sich gegenseitig „mit
ihren Pasteten, in denen Musikanten spielen, ihren aufgetakelten Schiffen und Schlössern, den Affen, Walfischen, Riesen und Zwergen …"[59].
Was das frühe Ritterideal mit seinen Regeln, Turnieren, Herolden und
Wappenschilden noch an Stil geboten hatte, löst sich in der Suche nach
immer neuen Unterhaltungen langsam auf.

Die Kirche sorgt dagegen allein schon durch ihre Liturgie für eine gewisse Stilsicherheit. Die Kunst kann sich hier auf eine nachhaltigere und
tiefere Art verwirklichen als im Umfeld der weltlichen Prachtentfaltung,
die eigentlich immer nur eines im Sinne hat, nämlich die Verherrlichung
ihres Stifters. „Nichts ist für unser Empfinden von der stillen Weihe des
Genter oder des Löwener Altars weiter entfernt als diese Äußerungen
barbarischen Fürstenprunkes."[60]

Im Umfeld der Kirchen, Klöster, Madonnen und Heiligendarstellungen
schuf der Reichtum des Adels Kunst von bleibendem Wert, der auf uns
heute einen weitaus größeren Reiz ausübt als die Hinterlassenschaften
weltlicher Prunksucht. Dabei fand die mittelalterliche Kunst ihre Unterstützer weniger unter den strengen Asketen als unter denen, die in
Schönheit und Pracht keine Versuchung, sondern eine legitime Darstellung der göttlichen Herrlichkeit sahen. Dazu passt eher Cluny als Clairvaux, und es ist beispielsweise eher der prachtliebende Bischof David
von Utrecht, der die vielstimmige Musik gefördert sehen will, als die
frommen Devoten.[61]

Auf seine Weise hatte aber auch Bernhard von Clairvaux, trotz seiner
Skepsis gegenüber Prachtentfaltung, einen positiven Einfluss auf die
Kunst. Mit ihm beginnt die Zeit der Mystiker, eine Zeit, die das Bewusstsein für Innerlichkeit und emotionale Versinnbildlichung religiöser

Bilder vertieft. Die Kunst gewinnt dadurch an Lebenskraft und Natürlichkeit und verliert ihre bisherige Distanz und Schroffheit.[62]

In den Ländern des Ostblocks fehlte die Freiheit, sich geistig und künstlerisch zu entfalten. Bald war auch kein Geld mehr übrig für die Kunst, und die Menschen mussten sehen, wie sie überlebten. In einer Atmosphäre von Kontrolle, Gleichschaltung und niedrigstem Lebensniveau ist es schwierig, die Kraft aufzubringen, über Kunst nachzudenken.

Der christliche Glaube ermutigt zu der Suche nach Großem und Sinnstiftendem. Die Vorstellung von der Würde des gottähnlichen Menschen ist durchaus auch als Bestärkung der eigenen Schaffenskraft zu verstehen. Das Gleichnis von den Talenten ruft dazu auf, möglichst viel aus ihnen zu machen. Die Freiheit wiederum ist eine Voraussetzung für ein Leben in Würde, und sie ist Antriebskraft jeglichen Gestaltungsdrangs.

Die Kunst im Sozialismus spiegelt dagegen eine Gesellschaft wider, die ihren Sinn für Kultur langsam verliert, weil sie an etwas in sich nicht Schlüssiges glaubt, das sich nur mit zwanghafter Gleichmacherei aufrechterhalten lässt – auf Kosten der Antriebskräfte des Einzelnen.

Thomas von Aquin und der Islam

Zu Beginn des 13. Jahrhunderts entstehen mit den Franziskanern und Dominikanern die Bettelorden. Neu an ihnen ist, dass sie nicht das kontemplative Leben in der Abgeschiedenheit suchen, sondern die direkte Hinwendung zu den Menschen, gerade auch in den Städten. Neu ist außerdem, dass sie das bisherige Armutsideal noch radikaler leben und auf jegliche Art von Besitz verzichten wollen. Die Bettelmönche brechen mit der Struktur des an den Standort gebundenen, einem bestimmten Kloster verpflichteten Ordenslebens. Ungebunden und besitzlos verkörpern sie eine neue Art von Freiheit.

Wie sehr sie sich von den Reformorden des Hochmittelalters absetzen, wird schon an der Reaktion damaliger Zeitgenossen deutlich. Die Familie des Thomas von Aquin (* um 1225; † 1274) hätte sich für ihn das Kloster Montecassino und eine Laufbahn zum Abt gut vorstellen können, wollte aber seinen Wunsch, dem Orden des Dominikus beizutreten, nicht akzeptieren. Seine Brüder waren so aufgebracht, dass sie ihn entführten und zwei Jahre in ein Verlies sperrten. Es ist nicht sicher, wie er dieser Gefangenschaft entkam, möglicherweise mit Hilfe seiner Schwestern. Thomas floh, reiste nach Paris und begann ein Studium bei dem großen Dominikanergelehrten Albertus Magnus (* um 1200; † 1280).

Seine Kommilitonen nennen ihn bald einen „stummen Ochsen", weil er in allen Debatten konsequent schweigt. Manch einer hält ihn vermutlich für dumm – bis zu dem Augenblick, als er seine Scheu zu überwinden und seine Gedanken mitzuteilen beginnt. Was ihn auszeichnet, ist nicht nur sein klarer Verstand, sondern sein zutiefst gutherziger und bescheidener Charakter. Wahrscheinlich ist es gerade diese Kombination, die ihn in so vielen Debatten zum Erfolg führt, sei es bei der Verteidigung der Bettelorden oder des Aristotelismus.

Thomas verbindet christlichen Glauben und aristotelische Philosophie zu einem sich ergänzenden harmonischen Ganzen. Anders als die augustinische Glaubenslehre betont er deutlicher den Wert der menschlichen Vernunft. Und anders als die platonische Ideenlehre sieht er in der Schöpfung und allem Existierenden eine hohe Vollkommenheit, nicht nur ein Abbild von etwas Höherem. Dies wiederum bedeutet eine Aufwertung der menschlichen Würde und alles Seienden. Grundlage ethischen Verhaltens ist das Naturrecht. Es basiert auf den objektiven Gesetzen Gottes, ist gleichermaßen eine mit den Mitteln der Vernunft verstehbare Ordnung, die der positiven Rechtsprechung einer Gesellschaft vorausgehen sollte.

Thomas von Aquin blickt mit großem Optimismus auf die Schönheit der Schöpfung, die für ihn einen tiefen Sinn hat, der auch mit den Mitteln des Verstandes erfassbar ist. In dieser Schöpfungsordnung haben Vernunft, Freiheit, Gerechtigkeit, Würde, Glaube, Liebe und Barmherzigkeit ihren festen Platz.

Die Synthese aus Glaube und Vernunft – der Versuch also, die Ordnung der Schöpfung zu erforschen und ihre Geheimnisse zu verstehen – dient Europa als Wegweiser in die Moderne. Sie trägt maßgeblich bei zu einer christlichen Bildungs- und Wissenschaftstradition, die die Epoche der Aufklärung überhaupt erst möglich machen wird. Dass dieser Weg alles andere als selbstverständlich war, zeigt das Beispiel der islamischen Kulturen, in denen für eine gewisse Zeit ebenfalls der Versuch gemacht wurde, Aristoteles und den Vernunftgedanken mit den Inhalten des muslimischen Glaubens zu vereinen – eine Synthese, die allerdings gründlich misslang und die Weiterentwicklung der islamischen Zivilisation zum Stillstand brachte.

Es ist erstaunlich, dass wir uns bei der Beurteilung des Christentums oft nur noch auf seine Fehler besinnen wollen. Noch absurder sind die Versuche, gleichzeitig den Islam in ein möglichst positives Licht zu rücken. Dabei wird dann in der Vergangenheit geschwelgt, von andalusischer Hochkultur geschwärmt, die große Toleranz gegenüber Dhimmis (Andersgläubigen) gelobt und darauf hingewiesen, dass das Christentum die Wiederentdeckung des Aristoteles allein arabischen Übersetzungen zu verdanken habe.

Noch viel abstruser wird es, wenn es darum geht, die Buchreligionen miteinander zu vergleichen. Judentum, Christentum und Islam, so der Tenor, würden sich nicht wesentlich voneinander unterscheiden. Die einen meinen das im negativen Sinn und verweisen auf das Gewaltpotential des Alten Testaments, das allen dreien als Grundlage diene. Andere vermuten in allen Religionen ganz ähnlich schöne und beruhigende Anweisungen zu Frieden, Toleranz und Nächstenliebe.

Schon Thomas von Aquin hatte in seiner „Summa contra gentiles" auf einige wesentliche Unterschiede zwischen Islam und Christentum hingewiesen. Verdächtig war ihm der Koran etwa wegen der „Versprechung fleischlicher Genüsse", der Vermengung von Wahrem mit „grundfalschen Lehren" und der Tatsache, dass Mohammed über sich selbst sagt, „er sei in der Macht der Waffen gesandt: Zeichen, die auch Räubern und Tyrannen nicht fehlen"[63].

In seinen fünf Säulen – glaube, bete, tue Gutes, faste, pilgere – steht der Koran noch in keinerlei Widerspruch zu christlichen Werten. Die Unterschiede werden erst in all den Dingen sichtbar, die diese fünf Hauptaussagen begleiten.

Der größte Unterschied ist der zwischen den Religionsgründern selbst, die den Gläubigen als Vorbild dienen. Mohammed nahm das Schwert in die Hand und führte Kriege. Feindliche Stämme hatten die Wahl zwischen Zwangsislamisierung, Kopfsteuer oder Tod. Jesus Interesse gilt dagegen den Armen, Kranken und Sündern. Er heilt Menschen, lebt

Nächstenliebe und Vergebung, zwingt niemanden zu irgendetwas und opfert sich schließlich selbst.

Das Wirken Jesu und die Texte der Evangelien sind in ihrer Aussage sehr klar. Über allem steht der Aufruf: Liebt einander, helft einander, vergebt einander. Der Koran besteht dagegen aus zahlreichen Widersprüchen, die gerade in heiklen Fragen wie Gewalt und Religionsfreiheit sehr unterschiedliche Interpretationen zulassen.

So heißt es in Sure 2,256: „Es gibt keinen Zwang in der Religion." In Sure 9,3–5 heißt es dann aber: „Und verkünde denen, die ungläubig sind, eine schmerzhafte Pein … Wenn die heiligen Monate abgelaufen sind, dann tötet die Polytheisten, wo immer ihr sie findet, greift sie, belagert sie und lauert ihnen auf jedem Weg auf. Wenn sie umkehren, das Gebet verrichten und die Abgabe entrichten, dann lasst sie ihres Weges ziehen." Wenn auch der Koran an einer Stelle Christen und Juden als „Teilgläubige" etwas höher einstuft als Heiden, sollen zuletzt doch „überhaupt alle niedergekämpft werden: Heiden, Juden wie Christen (Sure 9,29f.)"[64]. Der Widersprüchlichkeit des Koran versucht man dadurch beizukommen, dass spätere Suren mehr gelten sollen als frühere. Nach dieser Regel verliert die Religionsfreiheit im Islam dann endgültig ihren Geltungsanspruch.

Für Christen steht die Gottesliebe im Zentrum ihres Glaubens. „Gott ist die Liebe, und wer in der Liebe bleibt, bleibt in Gott, und Gott bleibt in ihm" (1Joh 4,16b). Für Moslems ist dagegen die Gottesfurcht der zentrale Ausgangspunkt religiösen Denkens und Lebens.

Allah ist ein drohender Gott und zugleich ein lockender. Allerdings lockt er lediglich die männlichen Gläubigen, und zwar mit fleischlichen Genüssen in Gestalt von 72 Jungfrauen. Was oder ob überhaupt etwas auf die Frauen wartet, bleibt ungewiss. Der Koran stellt ihre untergeordnete Rolle auch im Alltagsleben deutlich heraus. „Frauen sollen bei befürchteter Widerspenstigkeit vorsorglich geschlagen werden (4,34). Sie erben nur die Hälfte im Vergleich zu einem Mann und müssen sexuell jederzeit zur Verfügung stehen (2,223). Bei Untreue sind Frauen lebenslänglich einzukerkern (4,15)."[65]

Jesus hingegen geht mit Frauen so offen und liebevoll um wie mit allen anderen auch. Im Epheserbrief heißt es: „… so liebe jeder von euch seine Frau wie sich selbst, die Frau aber ehre den Mann" (Eph 5,33). Und Petrus schreibt: „Ebenso sollt ihr Männer im Umgang mit euren Frauen rücksichtsvoll sein, denn sie sind der schwächere Teil; ehrt sie, denn auch sie sind Erben der Gnade des Lebens" (1 Petr 3,7).

Schließlich hält Jesus eine Trennung von Kaiser und Gott für sinnvoll. Von einer christlichen Gesellschaft gelebte Werte wie Nächstenliebe, Freiheit und Würde führen im Lauf der Geschichte konsequenterweise zu einem rechtsstaatlichen System, das zwischen Kirche und Staat trennt und in dem die Menschenrechte – Religionsfreiheit mit eingeschlossen – verankert sind.

Mohammeds Wirken zielt dagegen auf die Errichtung eines Gottesstaates. Sein Abschiedsbrief aus dem Jahre 632 ist ein Ruf nach islamischer Weltherrschaft: „Mir wurde aufgetragen, alle Männer so lange zu bekämpfen, bis sie sagen: ‚Es gibt keine Gottheit außer Gott.'"[66] Aus islamischer Sicht kann Rechtsstaatlichkeit nur die Umsetzung von Glaubensanweisungen, also die Scharia, bedeuten.

Es gibt also bedeutende Unterschiede zwischen Christentum und Islam. Auch der Umgang mit Andersgläubigen eignet sich nicht als Hinweis auf eine dem Islam immanente Offenheit. Seine Anhänger erwiesen sich oft genug als sehr grausam und interessenbestimmt. „Mit der Zeit konnte die islamische Herrschaft auf das Dhimmi-System gar nicht mehr verzichten: denn erst der den Schutzbefohlenen abgepresste unermessliche Reichtum" machte den arabisch-islamischen Staat funktionsfähig. Um aber diese Steuern aufzubringen, konnten sogar Kinder in Zahlung gegeben und somit versklavt werden. Am brutalsten geschah dies auf dem Balkan, wo ein Fünftel der Christen-Kinder als Tribut entführt und zu den gefürchteten Janitscharen ausgebildet wurden. Vollends bösartig war das Absinken in die Sklaverei: Es sei unmöglich, so Bat Yeor, ‚die Zahl jener Juden und Christen, die im Laufe der Jahrhunderte aus dem Status von Dhimmis in die Sklaverei abgeglitten sind, genau anzugeben‘."[67]

Unstrittig ist, dass die Aristoteles-Kommentare eines Averroës (*1126; †1198) im Westen auf großes Interesse stießen. Von Wiederentdeckung kann man allerdings nicht sprechen. Einzelne Schriften wurden über den Politiker und Philosophen Boethius (* um 480–85; †524 oder 526) weitergegeben. Und der Kirchenvater Johann Damaszenus übersetzte bereits im 7. bis 8. Jahrhundert große Teile des aristotelischen Werks. Die Verwendung arabischer Übersetzungen erklärt sich damit, dass es einfach praktisch war, „die Werke aus dem Arabischen zu übersetzen, wenn man das griechische Manuskript nicht fand", gerade „in den von den Arabern eroberten Gebieten, in Spanien oder Sizilien"[68].

Während aber der Aristotelismus in der Scholastik weiterentwickelt werden konnte, wurde Averroës im Islam als Irrlehrer verurteilt. Die wenigen Rationalisten, bekannt unter dem Namen Mutaziliten, verschwanden im 10. Jahrhundert „fast völlig aus der islamischen Geistesgeschichte"[69]. Es ist das Ende einer Epoche, beginnend etwa mit dem 9. Jahrhundert, die Wissenschaft, Philosophie und Kultur zugelassen hatte. Einer Epoche, die nur durch die Einbeziehung einer christlichen Elite möglich gewesen war. „Als Schreiber, Sekretäre, Finanzverwalter, Architekten, Handwerker, Bauern, Ärzte, Literaten, Diplomaten, Übersetzer und Politiker bildeten die Christen die Basis, das Gerüst, die Elite und die Hauptstütze des islamischen Reiches; ohne sie hätte dieses zweifellos weder errichtet noch entwickelt werden können."[70]

Ende des ersten Jahrtausends ist Bagdad islamisches Herrschafts- und Kulturzentrum, mit etwa einer Million Einwohner. Aber: „Kein einziger arabischer Übersetzer des neunten Jahrhunderts war Muslim. Es waren alles Christen, bis auf ein oder zwei, die der Gemeinschaft der Sabier angehörten."[71] Die Sabier verehrten die Gestirne als Götter.

Wenn wir die Unterschiede zwischen Christentum und Islam bedenken, verwundert es nicht, dass sich im Abendland eine christliche Naturrechtslehre herausbildet, die Vernunft und Glauben in Übereinstimmung zu bringen sucht, im Morgenland hingegen nicht. Dies ist nur ein Beispiel dafür, wie der christliche Glaube die Weichen für Europas Weg in die Moderne stellt.

Von den Klosterschulen zur Universität

Das Christentum verschloss sich nicht dem rationalistischen Erbe der griechischen Klassik, sondern war wesentlich beteiligt an seinem Erhalt und Wiederaufleben. Nach dem Zerfall des Römischen Reichs und der Ausbreitung der Germanen erwies sich dies allerdings als langer und mühsamer Prozess. Der Förderung des Lesens und Schreibens lag zunächst der Wunsch zugrunde, die Schrift verstehen und verbreiten zu können. So verlangte schon der Mönchsvater Pachomius von seinen Mönchen grundlegende Kenntnisse im Lesen.

Daraus entwickelte sich Schritt für Schritt ein christliches Bildungsnetz – von den frühen Kathechetenschulen in Ephesus und Rom, die Justin der Märtyrer um 150 n. Chr. gründete, über die Dom- und Bischofsschulen, die es seit der Spätantike gab, bis hin zu den Klosterschulen ab dem Frühmittelalter. Im 12. und 13. Jahrhundert kamen noch die Pfarrschulen hinzu, in denen meist der Pfarrer selbst für den Unterricht zuständig war.

An den Kloster-, Dom- und Bischofsschulen des Mittelalters werden die sieben freien Künste unterrichtet, vor allem Grammatik, Rhetorik und Logik, daneben Arithmetik, Musik, Geometrie und Astronomie. Schwerpunkt ist die Ausbildung der Mönche. Es gibt aber auch externe Schulen zur Unterweisung von Laien.

Im 12. Jahrhundert entsteht etwas Neues: lockere Verbunde privater Natur zwischen einem Magister und Scholaren, die sich bald zu größeren Verbänden zusammenschließen werden, unterstützt von den Päpsten und Königen, die ein großes Interesse an gut ausgebildeten Theologen und Juristen haben.[72] So entstehen die ersten Universitäten, und es ist der Papst, der ihnen die Rechtsgestalt verleiht.[73] Noch bis ins 19. Jahrhundert hinein werden „alle Universitäten im Westen, ob sie nun

Rechtswissenschaft, Theologie oder Medizin lehrten, als christliche Institutionen gegründet"[74].

In ihnen kulminieren sämtliche Bildungsanstrengungen des vorangegangenen Jahrtausends. Hier finden wir die Lehrer der Dom- und Bischofsschulen, des Dominikaner-, des Franziskaner- und später des Jesuitenordens. Hier fließt die große Tradition benediktinischer Klosterbibliotheken hinein. Das Selbstverständnis der Mönche, geistige und körperliche Arbeit miteinander zu verbinden, etabliert die empirische Forschung. Der Gebrauch der lateinischen Sprache in Liturgie, Schulen, kirchlicher Verwaltung und Rechtsprechung ermöglicht den Austausch und die Verständigung über alle Grenzen hinweg. „Mühelos studierte etwa die deutsche Elite des 15. und beginnenden 16. Jahrhunderts in Bologna, Padua, Pavia und Siena, ohne erst eine fremde Sprache erlernen zu müssen."[75] Noch bis ins 19. Jahrhundert ist es möglich, wissenschaftliche Werke in lateinischer Sprache zu verfassen. All das führte „zur Formung einer ‚gesamteuropäischen' akademischen Elite … Im Zeitalter des Humanismus wurde daraus jene Gelehrten- und Literatenzunft, die im großen Erasmus ihr Haupt und bewundertes Vorbild sah"[76].

Dominikus und Franziskus

Auch Dominikus (* um 1170; † 1221) vertiefte sich in Studien, weil er die Absicht hatte, die Katharer vom Irrglauben abzubringen. Nicht mit Gewalt, sondern mit überzeugenden Argumenten; nicht durch pompöses Auftreten, sondern mit der Demut eines Armut und Bescheidenheit lebenden Wanderpredigers.

Die Katharer oder Albigenser, wie sie – nach der südfranzösischen Stadt Albi – auch genannt wurden, breiteten sich im 12. Jahrhundert aus und gründeten eine Gegenkirche mit eigenen Bischöfen, Diözesen und Konzilien. Sie leugneten kirchliche Dogmen wie die Auferstehung Christi und vertraten ein dualistisches Bild, das die diesseitige Welt als böse und verkommen betrachtet, allein die jenseitige als gut. Daraus folgerten sie die konsequente Ablehnung aller materiellen Dinge wie Ehe, Fleischgenuss oder Privateigentum. Gleichzeitig sprachen sie ihren vollkommensten Mitgliedern die Fähigkeit zu, allein durch Handauflegen Sünden vergeben zu können. Die Katharer unterschieden sich von anderen asketischen Gruppierungen insofern, als sie nicht nur den Reichtum von Kirche und Staat, sondern deren Existenz an sich in Frage stellten.[77]

Ihr Name leitet sich vom griechischen *katharos* her, was so viel bedeutet wie rein. Ihre Gegner wollten seinen Ursprung dagegen im lateinischen *cattus* (die Katze) ausmachen und behaupteten, bei den Katharern sei es üblich, den Tieren das Hinterteil zu küssen. Schließlich blieb von alldem nur der Begriff „Ketzer" übrig.

Auf Geheiß von Papst Innozenz III. (* um 1160; † 1216) ziehen Dominikus, Bischof Diego de Acebo und einige andere Mönche aus, um in den Regionen der Katharer zu missionieren. Als 1208 einer der Mönche ermordet wird, ruft der Papst zu einem Kreuzzug auf, „den französische Adlige unter Wahrnehmung eigener Interessen in den so genannten Albigenserkriegen (1209–1229) ausführten"[78].

Dominikus bleibt noch während dieses Konflikts als Wanderprediger tätig, gründet 1215 einen ersten Konvent und zwei Jahre später den Orden der Dominikaner. Die ersten Ordenshäuser entstehen in Paris, Bologna und Oxford, also den damals wichtigsten Universitätsstädten. Passende Orte für einen Orden, der sich der Verteidigung des Glaubens verschrieben hat. Bald werden die Dominikaner zu den maßgeblichen Lehrkräften der Universitäten gehören, zusammen mit bedeutenden franziskanischen Gelehrten wie Alexander von Hales (* um 1185; † 1245) oder Bonaventura (* um 1221; † 1274).

Der heilige Franziskus war der scholastischen Philosophie gegenüber eher skeptisch eingestellt. Er befürchtete, dass sie den einfachen Zugang zum Glauben mehr gefährde als befördere. Im Grunde gibt Thomas von Aquin Franziskus darin auch recht, wenn er angesichts seiner späten Gotteserfahrungen die eigenen Schriften als etwas bezeichnet, das der Größe Gottes nie gerecht werden kann. Die Vernunft kann einem die Sinnhaftigkeit von Glaubensinhalten zwar verdeutlichen und die Hoffnung auf die Existenz einer christlichen Wahrheit vermehren. Wirklich glauben kann aber letzlich nur der, der zu einer Art kindlichem Vertrauen fähig ist.

Aber auch Franziskus war ein klarer Gegner der Katharer. Nur äußerte er dies nicht mit Argumenten, sondern durch seine große Treue zur Kirche und seine fröhliche Lebenseinstellung und Poesie.

Sein berühmtestes Gedicht, der Sonnengesang, ist nicht nur voller Begeisterung über die Schönheit der Schöpfung. Es ist ein ganz bewusster Versuch, der katharischen Vorstellung einer vom Teufel geschaffenen Welt einen optimistischeren Gegenentwurf zu liefern.[79] „Gelobt seist Du, Herr, durch Bruder Wind und Luft und Wolke und Wetter, die sanft oder streng, nach Deinem Willen, die Wesen leiten, die durch Dich sind … Gelobt seist Du, Herr, durch unsere Schwester, die Mutter Erde, die gütig und stark uns trägt und mancherlei Frucht uns bietet mit farbigen Blumen und Kräutern …"[80] Für den Autor G. K. Chesterton liegt das Wesen des Franziskus darin, „dass er voller Frische eine frische Welt ansah, die am selben Morgen erst hätte erschaffen sein können"[81].

Obwohl Franziskus in seiner Forderung vollkommener Besitzlosigkeit den Waldensern und Katharern sehr ähnlich ist und zunächst viele Zeitgenossen aus Kirche, Adel und reichem Stadtbürgertum ebenso befremdet wie diese, liegt ihm sehr daran, seine Bewegung von Papst und Kirche anerkannt zu wissen. 1209 reist er nach Rom und erreicht die mündliche Approbation durch Innozenz III.

Jakob von Vitry (* um 1160/70; † 1240) beschreibt die franziskanischen Minoriten, die er in ihrer Heimatregion Umbrien beobachtet, folgendermaßen: „Sie leben nach dem Beispiel der Urkirche, von der geschrieben steht: ‚Die Menge der Gläubigen war ein Herz und eine Seele.‘ Am Tag kommen sie in die Städte und Dörfer, um Seelen zu gewinnen, einige gehen der Arbeit nach; nachts kehren sie dann zur Einsiedelei zurück oder an einsame Orte, wo sie sich der Kontemplation hingeben."[82]

Wer Franziskus folgen will, muss seinen Besitz an die Armen verteilen und ein Wanderleben auf sich nehmen, als „Spielmann Gottes". Seine Anhänger sollen fröhlich sein, sich um die Kranken kümmern und zur Umkehr aufrufen. Franziskus selbst hatte seine Berufung im Kontakt mit Aussätzigen erfahren, nachdem es ihm gelungen war, seine Abscheu ihnen gegenüber zu überwinden. „Der Aussatz als Seuche aus dem Orient, die das gesamte Mittelalter mit Angst und Grauen erfüllte und die von dieser Krankheit Befallenen zu Ausgestoßenen der Gesellschaft machte, wurde zum Schlüsselerlebnis des jungen Mannes und nach seinem Willen ein dauerndes Anliegen auch des Franziskanerordens."[83]

In seinen letzten Lebensjahren empfängt Franziskus, bereits schwer krank, die Stigmata. Es ist der erste historisch bezeugte Fall vom Auftreten der Wundmale Jesu an einem Menschen. Franziskus kehrt schließlich in seinen Heimatort Assisi zurück und stirbt dort im Jahr 1226. Eine bewaffnete Eskorte ist nötig, um den zu beschützen, „dessen Leib offenbar schon als kostbare, heilbringende Reliquie galt"[84]. Bereits zwei Jahre später wird er heiliggesprochen.

Franziskus gilt als der Heilige, der Jesus in seiner uneigennützigen Liebe am nächsten kam. Mit ihm beginnt eine neue, intensivere Hinwendung zum Menschen, die in vielen verschiedenen Strömungen der nun folgenden Jahrhunderte immer neue Anhänger finden wird.

Kirchenkritiker werden darauf hinweisen, dass es die Franziskaner, vor allem aber die Dominikaner, waren, die ab dem 13. Jahrhundert für das schwärzeste Kapitel der Kirchengeschichte mit verantwortlich waren: die Inquisition.

Die Inquisition

Ohne Frage gehört die Inquisition zu den dunkelsten Seiten der christlichen Vergangenheit. Die Anwendung der Folter gegen Ketzer und die Todesstrafe sind durch und durch unchristlich. Es ist nur konsequent, dass sich der Dominikanerorden für diesen Teil seiner Vergangenheit entschuldigte und Papst Johannes Paul II. für die Schuld der Kirche um Vergebung bat.

Das Bild, das in der Vergangenheit von der Inquisition gezeichnet wurde, von Hunderttausenden oder gar Millionen von Todesopfern und blutrünstigen Verfahren religiös motivierter Fanatiker, ist allerdings maßlos übertrieben und in vielen Punkten schlicht falsch.

Die Inquisition wurde im 13. Jahrhundert eingeführt und entwickelte sich je nach Region sehr unterschiedlich. In manchen Ländern spielte sie eine große Rolle, in anderen praktisch keine. An einigen Orten war sie fest in der Hand der Kirche, an anderen eher eine Angelegenheit des Staates. In Deutschland beispielsweise war sie recht unbedeutend. Ab dem 15./16. Jahrhundert tritt an ihre Stelle das Gutachten von Universitätstheologen.[85]

In Frankreich spielt sie schon allein wegen der Katharerbewegung eine größere Rolle, verlagert sich aber ab dem 14. Jahrhundert zunehmend auf die Ebene der staatlichen Gerichtsbarkeit. Höhepunkt ist der Prozess Phillips des Schönen (* 1268; † 1314) gegen den Templerorden, wobei religiöse Motive zwar vorgeschoben werden, es in Wahrheit aber um die Einverleibung eines riesigen Vermögens geht.

Die meisten Opfer hat die Spanische Inquisition zu verbuchen. Sie beginnt im 14. Jahrhundert und endet offiziell erst im Jahr 1834. In dieser Zeit werden schätzungsweise 6000 Menschen hingerichtet, in ihrer großen Mehrzahl zum Christentum konvertierte Juden.[86] Die Spanische Inquisition war fast ausschließlich staatlich gelenkt. Inquisitoren mussten nicht einmal dem geistlichen Stand angehören. Papst Sixtus IV. (* 1414; † 1484) scheiterte mit seinem Versuch, eine rechtliche Verbesserung der spanischen Inquisitionsverfahren durchzusetzen. Er „beschuldigte die von Ferdinand eingesetzten und besoldeten Inquisitoren, nicht aus Eifer für den rechten Glauben, sondern aus Geldgier zu handeln. Kein Christ dürfe, so legte er fest, aufgrund der Aussage von Sklaven, Feinden oder befangenen Zeugen ohne rechtskräftige Beweise ins Gefängnis geworfen, gefoltert und als Ketzer verurteilt dem weltlichen Arm übergeben werden. Das gesamte Verfahren sei offenzulegen, bei Verstößen dagegen bestehe Berufungsrecht beim Papst. Vor allem könne ein sich der Ketzerei schuldig fühlender Christ durch Ablegung der Beichte frei werden"[87].

Die Römische Inquisition wurde erst im 16. Jahrhundert als Reaktion auf die Reformation eingerichtet. Im Zeitraum von 1542 bis 1761 fielen ihr insgesamt 97 Personen zum Opfer.[88]

Ein erster Blick auf die Geschichte der Inquisition ist bereits ziemlich verblüffend. Sie wütet dort am stärksten, wo sie den Händen der Kirche weitgehend entzogen ist. Es spielen augenscheinlich materielle Motive eine nicht unerhebliche Rolle, was nicht überraschend ist, nachdem bereits eine Anklage vor dem Inquisitionsgericht zu einer Enteignung des Besitzes führte. Die Zahl der im Verlauf mehrerer Jahrhunderte Hingerichteten liegt bei einigen Tausend, nicht bei Millionen. Das ist immer noch schrecklich, aber trotzdem ein riesiger Unterschied. Zum Vergleich: Dem Terror der Französischen Revolution fielen in relativ kurzer Zeit rund 50.000 Menschen zum Opfer.

Dass eine Glaubensgemeinschaft am Kern ihrer Überzeugungen festhalten will, ist verständlich. Hätte die Kirche immer versucht, ihre Glaubensinhalte dem jeweiligen Zeitgeist anzupassen, bestünde sie schon längst nicht mehr. Ähnliches gilt für die Unantastbarkeit unseres Grundgesetzes, das wir auch nicht einfach dem willkürlichen Einfluss verfassungsfeindlicher Kräfte aussetzen können. Die Frage ist nur, mit welchen Mitteln will man den Bestand von etwas, das einem existenziell wichtig ist, durchsetzen?

Dass ein christliches Verfahren Folter und Scheiterhaufen gutheißen konnte, erscheint als ein Widerspruch in sich. Zwar kennt auch das Neue Testament den Begriff von den „Feinden des Kreuzes Christi" (Phil 3, 18) beziehungsweise der „Feindschaft mit Gott" (Jak 4,4), es legt aber in keiner Weise deren diesseitige Bestrafung nahe. „Gegenüber den als Gottesfeinde erachteten Samaritanern, auf welche die Jünger ‚Feuer vom Himmel' herabrufen wollen, reagierte Jesus in der Weise, dass ‚er sich abwandte und sie (die Jünger) zurechtwies' (Lk 9,55); Gott lasse seine Sonne immerzu über Gerechte und Ungerechte aufgehen (Mt 5,45). Überhaupt sollten Christen ‚die Feinde lieben' (Mt 5,44), sollten sogar ‚segnen, die euch verfluchen' (Lk 6,28)." Und „das letztgültige Urteil stehe nicht Menschen, sondern allein Gott zu"[89]. Insbesondere das Gleichnis vom Weizen und vom Unkraut, die nicht gewaltsam voneinander getrennt werden sollen, liegt dem modernen Toleranzgedanken zugrunde.

Demgegenüber war die Todesstrafe für Gottesfrevel in den vorchristlichen Kulturen seit jeher üblich. Sie findet sich bereits im babylonischen Gesetzbuch des Königs Hammurabi († 1686 v. Chr.). Es gibt sie im antiken Griechenland und Rom. Platon meint, „wer gar das Dasein der Götter leugne oder sich in Zauberkunst betätige, solle den Tod erleiden"[90]. Auch Ehebruch gehört zu den Dingen, die seit jeher bestraft werden, oft genug durch „ein direktes Exekutionsrecht (des Ehemanns) über Ehebrecherinnen"[91].

Das frühe Christentum distanzierte sich von Körper- und Todesstrafe, behandelte Mann und Frau als Sünder gleichermaßen und stellte das

74

Prinzip der Buße in den Vordergrund. Im Verlauf des ersten Jahrtausends kommt es nur zu einer einzigen Häretikerhinrichtung, und zwar durch ein weltliches Gericht in Trier im Jahr 385. Das Opfer ist der Asket Priszillian, gegen dessen Hinrichtung nicht nur Ambrosius von Mailand und Martin von Tours, sondern auch Papst Siricius heftig protestieren.[92] Ihre Kritik richtet sich allerdings in erster Linie gegen die weltliche Einmischung in innerkirchliche Angelegenheiten, nicht so sehr gegen die Todesstrafe an sich. Sie war staatlicherseits immer eine Selbstverständlichkeit und wurde auch von der Kirche nicht grundsätzlich abgelehnt. Sie konnte beispielsweise für Majestätsbeleidigung oder das Fälschen von Münzen verhängt werden.

Die Inquisition lässt sich nicht fair beurteilen, wenn man sie aus ihrem zeitlichen Rahmen reißt. Durch die Linse des heute Üblichen betrachtet, erscheint sie zu Recht als brutal und unchristlich. Im Kontext dessen, was die mittelalterliche Gesellschaft sonst so kannte, wirkt sie eher harmlos, teilweise sogar fortschrittlich.

Dem Historiker Johan Huizinga zufolge ist das ausgehende Mittelalter von Rachsucht, Habgier und barbarischer Gewalttätigkeit geprägt, besonders sichtbar in den staatlichen Strafprozessen. „Was uns an der Grausamkeit der Rechtspflege im späteren Mittelalter auffällt, ist … das tierische, abgestumpfte Ergötzen, das Jahrmarktsvergnügen, das das Volk daran hat. Die Leute von Mons kaufen einen Räuberhauptmann für einen viel zu hohen Preis nur um des Vergnügens willen, ihn zu vierteilen."[93] Bei Arnold Angenendt heißt es: „Da wurden Menschen ganz einfach in der Art des Metzgerhandwerks abgeschlachtet und zerstückelt, ihre Reste auf Galgen gehängt oder angenagelt, verbrannt oder gesotten; sie wurden bei lebendem Leibe von Tieren zerrissen oder mit glühenden Zangen zu Tode gezwickt. Beim Rädern wurden ihre Knochen in brutaler Weise zerschlagen …"[94] Lutz E. von Padberg schreibt: „In lustvoller Erregung zog man zu den Exekutionen, die von den Obrigkeiten als

Volksfeste mit Tausenden von Besuchern inszeniert wurden. In Wien geschah das zum letzten Mal im Jahre 1868, wozu man ‚Galgenbier' und ‚Armesünderwürstel' feilbot."[95]

Die Inquisition kannte als Strafmaß nur Gefängnis oder Scheiterhaufen, wobei es üblich war, den Verurteilten vor dem Verbrennen zu strangulieren.[96] Als Ausweg bot sie immer den Weg über die Beichte und Buße. Körperverstümmelungen und all die anderen Arten, den Tod unter möglichst fantasievollen und großen Qualen herbeizuführen, kennt sie nicht. Die neuere Forschung geht davon aus, dass die Inquisition auch die Folter „vergleichsweise milde"[97] anwandte. Die Gefängnisse waren „in einem recht guten Zustand"[98]. Staatlicherseits waren sie weit weniger human und überhaupt Mangelware, weshalb die weltliche Justiz stattdessen Verstümmelungen anordnete: „Hand- oder Fingerabschlagen bei Meineid und Diebstahl (öffentlich auf der Fleischerbank vollzogen); häufig auch das Ohr-Abschneiden, zumal bei Frauen (Schlitzohr), weiter das Zunge-Abschneiden oder wenigstens deren Aufschlitzen, endlich noch das Nase-Abschneiden"[99].

Was das Strafmaß angeht, war die Inquisition ein relativ gemäßigter Schatten dessen, was bei weltlichen Strafprozessen üblich war. Was das rein juristische Verfahren anbelangt, muss man sie sogar als fortschrittlich bezeichnen.

Der Ursprung der Inquisition liegt in der Verfolgung kircheninterner Angelegenheiten, betrifft beispielsweise den Amtsmissbrauch von Bischöfen, die sich einem Prozess verweigern.[100] Daraus entwickeln sich bestimmte Verfahrensregeln, die dem Angeklagten bei Anwesenheit die ihm zur Last gelegten Vorwürfe darlegen und eine ordentliche Verteidigung ermöglichen müssen. „Am Ende sollte eine Verurteilung nur bei vollem Beweis, in der Regel … durch Geständnis oder wenigstens zwei übereinstimmende Zeugenaussagen, möglich sein."[101]

Die Inquisition entstand auch mit Blick darauf, der damals üblichen Lynchjustiz durch den Mob zuvorzukommen. Sie geht Hand in Hand mit dem kirchlichen Verbot der Wasser- und Feuerprobe. Leider wird sie im Laufe der Zeit aufgeweicht. Zunächst, indem Innozenz III. das antike Kaiserrecht wieder einführt, das ein schnelleres Verfahren ermöglichen soll. Später, indem Gregor IX. (* um 1176; † 1241) bestimmt, dass die Dominikaner als selbstständige Richter auftreten dürfen. Schließlich, indem Innozenz IV. (* um 1195; † 1254) mit Einschränkung die Folter erlaubt.[102] Trotzdem nennt der Historiker John Tedeschi die Römische Inquisition „a pioneer in judicial reform" und der Historiker Stephen Haliczer sieht selbst in der Spanischen Inquisition einen formal-juristischen Fortschritt im Vergleich mit den französischen oder englischen Kriminalgerichten.[103]

Zwang, Gewalt und Todesstrafe lassen sich christlich nicht begründen. Sie konnten nur deshalb in ein kirchliches Inquisitionsverfahren hineinfinden, weil sie auf gesellschaftspolitischer Ebene selbstverständlich waren. Es war die Grausamkeit und Brutalität einer Gesellschaft, die ihren Weg in die Verfahren der Kirche fand. Und nicht anders herum, wie so oft dargestellt – eine Kirche, die sich durch ein besonders blutrünstiges Verfahren vom Rest einer ansonsten unbescholtenen Gesellschaft abgesetzt hätte.

Das geistig-kulturelle Niveau dieser Gesellschaft kommt zum Ausdruck, wenn sich das Volk aufmacht, Ketzer zu lynchen. Es wird deutlich, wenn man sich ansieht, wofür Menschen belangt werden sollen: etwa für ihre „bleiche Gesichtsfarbe", die ein „angeblich manichäisches Fasten verrate"[104] oder weil sie sich weigern, Tiere zu töten.

Wenn die Inquisition einerseits versucht, den Gewohnheiten des Mobs entgegenzuwirken, lässt sie sich andererseits von den staatlichen Gesetzen stark beeinflussen. Seit der Verschmelzung von Kirche und Staat ist es für viele immer schwieriger nachzuvollziehen, warum Majestätsbeleidigung mit dem Tod bestraft wird, Gottesfrevel dagegen nicht; warum ein Falschmünzer sterben soll, einer aber, der das Seelenheil der Gesellschaft gefährdet, nicht; warum man für König und Vaterland kämpfen darf, nicht aber für Gott.

Die Pervertierung des Christlichen

Im Mittelalter

Mit der zunehmenden Christianisierung Europas wird die Unterscheidung zwischen Religion und Gesellschaftskultur immer schwieriger. Stieß das Christentum im frühen Mittelalter vielerorts noch auf großes Unverständnis, wie etwa im Falle König Chlodwigs, der Jesus als eine Art Odin interpretierte, so wird es im späten Mittelalter praktisch alle Bereiche des Lebens durchdrungen haben. Dabei ist es aber weiterhin der Gefahr ausgesetzt, umgedeutet und verfremdet zu werden, sei es durch primitiven Aberglauben, Unbildung, die Vermengung mit politischen Selbstverständlichkeiten oder die Schwächen des menschlichen Charakters.

Der 28. Dezember – der Tag, an dem die Kirche an die Kindermorde zu Betlehem erinnert – wird im Bewusstsein der Menschen zu einem Unglückstag, der mit größter Vorsicht zu genießen ist. „Die Krönung Eduards IV. wurde noch einmal wiederholt, weil man sie zuerst an jenem unglücklichen Wochentag vollzogen hatte. René von Lothringen musste von einem Gefecht absehen, weil seine Landsknechte sich weigerten zu kämpfen, da gerade der Wochentag der Unschuldigen Kinder sei."[105]

Die Sensibilität für einen angemessenen Abstand zwischen Religiösem und Profanem ist im Bewusstsein vieler Menschen noch nicht ausgebildet. „Bei einer Verlosung zu Bergen-op-Zoom im Jahre 1518 waren nebeneinander ‚köstliche Preise' und Ablässe zu gewinnen. Bei den fürstlichen Einzügen prangten an den Ecken der Straßen, wechselnd mit sinnigen Aufführungen von oft heidnischer Nacktheit, die kostbaren Reliquienschreine der Stadt auf Altären, von Prälaten bedient und dem Fürsten zum ehrerbietigen Kuss dargeboten."[106]

Auch in der Musik vermengt sich gelegentlich Kirchliches mit Weltlichem. „Die musikalische Form der Motette, bei der die verschiedenen Stimmen ganz verschiedene Texte ‚durcheinandersangen‘, entartete schließlich dahin, dass man vor den sonderbarsten Kombinationen nicht zurückschreckte, sodass bei der Messe Worte der profanen Lieder, die als Themen gedient hatten, wie baisez-moi, rougez nez (küsst mich, rote Nasen), in den liturgischen Text hineingesungen wurden."[107]

Der Chronist und Poet Georges Chastellain schimpft im 15. Jahrhundert über die Kirmes von Houthem: „Früher … pflegten die Notabeln den heiligen Leichnam zu tragen … in großer und hoher Feierlichkeit und Ehrbezeugung, jetzt aber ist es … ein Haufen von Lumpenpack und üblen Burschen; sie tragen ihn schreiend und johlend, singend und tanzend, unter hundert Possen, und alle sind betrunken."[108] Die Rede ist von ihrem Stadtpatron, dem heiligen Livin. Und der Humanist und Theologe Nikolaus von Clémanges beobachtet zur selben Zeit: „Sogar Dirnen suchen in der Kirche nach Bekanntschaften. In den Kirchen selbst und an Heiligentagen sind unzüchtige Bildchen zu kaufen, die die Jugend verderben; und kein Predigen hilft gegen das Übel."[109] Dass die vielen Predigten offenbar nichts bewirken, stößt immer wieder auf großes Erstaunen. Der Glaube an die Wirkung des gesprochenen Wortes ist weit verbreitet.

Im Volksglauben des Mittelalters gewinnt die Verehrung der Heiligen immer größeres Gewicht. Allerdings erfahren sie gegen die klare Position der Kirche eine Umdeutung, vom Vorbild und Fürsprecher vor Gott werden sie selbst zum Urheber von Wohltaten oder Strafen. „Wer war sanftmütiger als Cornelius, wer gutartiger als Antonius, wer geduldiger als Johannes der Täufer, als sie lebten? Aber welche schrecklichen Krankheiten schicken sie nun, wenn sie nicht gebührend verehrt werden."[110]

Wo die Heiligenverehrung solchermaßen ausartet, lässt die schonungslose Jagd nach Reliquien nicht auf sich warten. „Das Volk in den Bergen von Umbrien um das Jahr 1000 wollte den Einsiedler Sankt Romuald totschlagen, um seine Gebeine nicht zu verlieren. Die Mönche von Fossanuova, wo Thomas von Aquino im Jahre 1274 gestorben war, haben aus Angst, die kostbare Reliquie könnte ihnen entgehen, die Leiche des edlen Meisters buchstäblich eingemacht: vom Kopf befreit, gekocht, präpariert. Als der Leichnam der heiligen Elisabeth von Thüringen noch nicht bestattet war, schnitt oder riss eine Schar Frommer nicht nur Stücke von den Tüchern ab, mit denen ihr Antlitz umwickelt war; man schnitt ihr die Haare und Nägel ab, ja sogar Stücke von den Ohren und die Brustwarzen."[111]

All diese Beispiele zeigen, wie sich das Ungebildete, das Ordinäre, das Abergläubische mit dem Christlichen vermengen; wie sehr der eigentliche Kern des Christlichen, bereits auf einer recht harmlosen Ebene, der ständigen Gefahr seiner Pervertierung ausgesetzt ist. Die Beispiele eignen sich nicht dazu, das Christentum lächerlich zu machen. Sie zeigen vielmehr die große und schwierige Herausforderung, seinen eigentlichen Kern zu bewahren.

Selbst bei großen Gestalten des Christentums entdecken wir Marotten, Schrulligkeiten und Irrtümer. Leicht absonderlich wirkt die Angewohnheit des Mystikers Heinrich Seuse (* 1295/97; † 1366), einen Apfel immer in vier Teile zu schneiden: „Drei Teile verzehrte er im Namen der Dreieinigkeit, und den vierten aß er ‚in der minne, als diu himelsch muter irem zarten kindlein Jesus ein epfelli gab zu essen', und er aß dieses letzte Stück mit der Schale, weil kleine Knaben Äpfel ungeschält essen."[112] Etwas merkwürdig sind auch die Essgewohnheiten des Kartäusers Dionysius (* um 1402/03; † 1471), der sich besonders für Verdorbenes begeistert: „Zu salzige Heringe hängt er auf, bis sie faulen; ‚ich esse lieber stinkende als salzige Dinge'."[113] Franz von Paola (* 1416;

† 1507) ergreift die Flucht, sobald ihm eine Frau begegnet. Und Bernhard von Clairvaux' Rhetorik im Einsatz für die Sache der Kreuzritter klingt für unsere Ohren etwas zu laut.

Im späten Mittelalter gehen intensive Frömmigkeit und ausgelassene Prunksucht oft Hand in Hand. „Beherrscht eine von beiden alles, dann hat man entweder den Heiligen oder den zügellosen Sünder vor sich; in der Regel aber halten sie sich bei stark schwankendem Zünglein die Waage, und so sieht man, wie die rotblühenden Sünden dieser leidenschaftlichen Menschen zuweilen eine überströmende Frömmigkeit nur umso heftiger hervorbrechen lassen."[114]

Ludwig von Orléans (* 1372; † 1407) etwa ist ein großer Freund weltlicher Genüsse. Gleichzeitig ist er so fromm, dass er immer wieder in das Kloster der Cölestinermönche einkehrt, an ihrem strengen Gebetsleben teilnimmt und im allgemeinen Schlafsaal nächtigt.[115]

Philipp der Gute (* 1396; † 1467) gilt als verschwenderisch und berechnend. Aber er zwingt sich auch dazu, vier Tage in der Woche bei Wasser und Brot zu fasten.[116]

Wenn König Jakob von Bourbon (* 1319; † 1362) in eine Stadt einzieht, lässt er sich ärmlich bekleidet in einem Düngertrog tragen. Dabei folgt ihm allerdings stets sein sehr eleganter Hofstaat.[117]

Heute können wir uns in diese Widersprüchlichkeit im Leben des Hochadels kaum mehr hineinversetzen. Ihre Frömmigkeit als Heuchelei zu bezeichnen, wäre sicherlich falsch. Ihre Lebensweise ist vielmehr ein weiteres Beispiel dafür, wie das Christliche in seiner reinen Form durch den Einfluss kultureller Faktoren und menschlicher Schwächen in ein befremdliches und missverständliches Licht gerückt werden kann. Der christliche Glaube formuliert Idealvorstellungen, denen sich der Mensch nur annähern kann. Da, wo dies nicht gelingt, sollte man nicht von christlichen, sondern von menschlichen Fehlern sprechen, denn sie äußern sich ja gerade im Nichterreichen christlicher Vorstellungen.

In der Renaissance

Konzentrierte sich das Mittelalter in allen Lebensbereichen auf die Allmacht und den Willen Gottes, so tritt in der Renaissance der Mensch in den Vordergrund. Die großen Gestalten des Altertums dienen als Vorbild, ihr rhetorisches Können wie ihre ruhmreichen Taten werden gepriesen. Wer es sich leisten kann, lässt seine Kinder von den besten Gelehrten ausbilden. Das Ideal humanistischer Bildung ist so hoch angesehen, dass auch die Töchter in ihren Genuss kommen. In Italien erfasst der Humanismus die Städte ebenso wie die Fürstenhäuser und Päpste. „Nicolaus V. war beruhigt über das Schicksal der Kirche, weil Tausende gelehrter Männer ihr hilfreich zur Seite ständen."[118] Im positiven Sinne entsteht daraus der Typus des modernen Lebensphilosophen, der nach ausgewogenen, vernünftigen, gesunden und zufriedenen Lebensformen sucht. In künstlerischer Sicht bringt der neue Individualismus den musikalischen Virtuosen hervor. Und das christliche Nachdenken über den Menschen vertieft die Vorstellung seiner Würde und seines freien Willens, so in der Rede des Philosophen Giovanni Pico della Mirandola (* 1463; † 1494) über die Würde des Menschen.

Erstaunlicherweise führt aber all das nicht zu einem Weniger an Aberglauben. Im Gegenteil. Mit der Renaissance blühen Astrologie, Sympathie und Astralmagie auf. Und nicht im Mittelalter, sondern erst jetzt beginnt das eigentliche Zeitalter des Hexenwahns.

Die Sterndeuter geben vor, aus der Stellung der Planeten die Zukunft vorhersagen zu können. „Zunächst wird allen Kindern angesehener Familien das Horoskop gestellt, und bisweilen schleppt man sich hierauf das halbe Leben hindurch mit irgendeiner nichtsnutzigen Voraussetzung von Ereignissen, die nicht eintreffen. Dann werden für jeden wichtigen Entschluss der Mächtigen, zumal für die Stunde des Beginnens, die Sterne befragt. Abreisen fürstlicher Personen, Empfang fremder Gesandten, Grundsteinlegungen großer Gebäude hängen davon ab." Und natürlich „Entschlüsse im Krieg"[119]. Dagegen hilft auch nicht, dass Pico della Mirandola sich die Mühe macht, „auf empirischem Wege die Astrologen zu kontrollieren; von ihren Wetterprophezeiungen für die Tage eines Monats fand er drei Vierteile falsch"[120].

Neben der Astrologie verbreitet sich der Glaube an die universelle Sympathie, also daran, dass sich alle Komponenten des Kosmos gegenseitig bedingen. Giordano Bruno (* 1548; † 1600) schreibt darüber in De Magia: „Nun aber steigt das Lebewesen über die Seele zu den Sinnen, über die Sinne zu den Komposita, über die Komposita zu den Elementen, über diese zu den Dämonen, über diese zu den Sternen, über diese zu den unkörperlichen Göttern, über diese zur Weltseele oder den Geist des Weltalls und über diesen schließlich zur Schau des Einen, Einfachsten, Besten, Unkörperlichsten, Absoluten, sich selbst Genügenden."[121] Es „entwickelt sich eine feste Hierarchie von Vermittlern, die die geistige Welt mit der Himmelswelt und der sublunarischen Welt verbinden"[122].

Im Gegensatz zum Mittelalter hält man es in der Renaissance für möglich, zum Beispiel „durch Einwirken auf die Rose eine Wirkung auf unseren Körper" herzustellen. „Sind zwei Dinge einander ähnlich, so kann man durch Einwirkung auf das eine Wirkungen auf das andere ausüben; und bis ins späte 17. Jahrhundert werden berühmte Mediziner, fasziniert vom Wirken auf Distanz, über das *unguentum armarium* diskutieren, also über eine Substanz, die, wenn man sie auf die Waffe streicht, die die Verwundung verursachte, zur Heilung der Wunde beitragen kann."[123]

Im Mittelalter kann der natürliche Verlauf der Dinge nur durch eines verändert werden: das Wunder. In der Renaissance vermutet man dagegen in vielerlei kleinen Dingen eine verborgene Wirkkraft, die man sich zu Nutze machen kann. Der Humanist und Philosoph Marsilio Ficino (* 1433; † 1499) entwickelt Talismane. Er versteht darunter einen „materiellen Gegenstand, in den der Geist eines Sterns eingeführt worden ist". Und er empfiehlt dazu „das Singen orphischer Hymnen, nach einer Melodie, die in gewisser Weise der Musik der Planetensphären (nach der pythagoräischen Tradition) homolog ist"[124].

Auch Vorzeichen und Weissagungen werden sehr ernst genommen. „Als während der Belagerung 1529 ein angeschossener Adler nach Florenz hereinflog, gab die Signorie dem Überbringer vier Dukaten, weil es ein gutes Augurium sei … Als Piacenza 1478 von langem und heftigem Regen heimgesucht wurde, hieß es, derselbe werde nicht aufhören, bis ein gewisser Wucherer, der unlängst in S. Francesco begraben worden war, nicht mehr in geweihter Erde ruhe. Da sich der Bischof weigerte, die Leiche gutwillig ausgraben zu lassen, holten die jungen Burschen sie mit Gewalt, zerrten sie in den Straßen unter greulichem Tumult herum und warfen sie zuletzt in den Po."[125]

Weissagungen, Vorzeichen, Planetenklänge und Astrologie haben ihren Ursprung zumindest teilweise im wiederentdeckten Altertum. Mancherorts vermischt sich Heidnisches mit Christlichem, etwa beim „Hinstellen von Speise für die Toten, vier Tage vor Petri Stuhlfeier … Das Erstaunlichste geschah unter Leo X. auf dem Forum in Rom: Wegen einer Pest wurde ein Stier feierlich auf heidnische Weise geopfert"[126].

Nun sind das alles recht harmlose Beispiele für die Verfremdung des Christlichen. Sie lassen aber eines schon erahnen, nämlich weshalb die Zeit so empfänglich wurde für die Vorstellung vom magischen Schadenszauber der Hexen.

Die Hexenverfolgungen

Die Schilderung der Hexenverfolgung als ein Phänomen des Mittelalters, von Kirche und Inquisition angetrieben, mit Millionen weiblicher Opfer, ist ein Vorwurf, der der Kirche wohl noch lange anhängen wird, auch wenn so gut wie nichts davon stimmt.

Den Mythos von über neun Millionen Opfern errechnete der protestantische Aufklärer Gottfried Christian Voigt im Jahre 1784. Er wird im Kulturkampf des 19. Jahrhunderts vom Protestantismus wieder aufgegriffen und flammt in der NS-Zeit erneut auf. Das Referat Gegnerforschung arbeitet unter Heinrich Himmler „am Trugbild von den Hüterinnen eines nordischen Ur-Matriarchats und sucht nach Zeugnissen für die Schuld der ‚jüdisch-christlichen Kirchen‘ an deren Ausrottung"[127]. Vertreterinnen des Feminismus werden von der „Vernichtung der weisen Frauen" sprechen. „Der Amerikanerin Mary Daly zufolge haben Frauen mehr gelitten als alle Opfer von Rassismus und Völkermord; die Hexenverfolgung sei zum Gynozid geworden, größer noch als der Genozid des Holocaust."[128] Ein gefundenes Fressen auch für das Magazin Der Spiegel, demzufolge „es ‚Gottes willige Vollstrecker‘ waren, die als ‚Kirchen-Stasi‘, als Spitzel wie in Nazi- oder SED-Zeiten schnüffelten, folterten und verbrannten"[129].

Die neuere Forschung hat dieses Bild mittlerweile als Humbug entlarvt. Im Zeitraum von 350 Jahren gab es etwa 50.000 Opfer, nicht neun Millionen. Hexenverfolgungen fanden nicht im Mittelalter statt, sondern beginnen in der Frühen Neuzeit und setzen sich noch bis in die Epoche der Aufklärung hinein fort. Die meisten Hinrichtungen liegen im Zeitraum zwischen 1560 und 1700. Die Hexenprozesse führen in den allermeisten Fällen weltliche und nicht geistliche Gerichte.[130]

Zwar finden wir auch unter katholischen und protestantischen Amtsträgern zahlreiche Befürworter der Hexenverfolgung, insbesondere in Deutschland, wo etwa die Hälfte aller Hexenhinrichtungen stattfinden. Allen voran Martin Luther, der die Meinung vertritt: „Die Zauberinnen … schaden mannigfaltig. Also sollen sie getötet werden, nicht allein, weil sie schaden, sondern auch, weil sie Umgang mit dem Satan haben."[131]

Die eifrigsten Antreiber des Hexenwahns kommen aber aus dem Umfeld von staatlicher Justiz und Verwaltung. Ein Beispiel ist der Staatstheoretiker und religiöse Skeptiker Jean Bodin (* 1529/30; † 1596), der die Vernichtung der Hexen fordert und in seinen Werken auch den Hexenhammer adaptiert.[132] Der Hexenhammer war ein Werk des Dominikaners Heinrich Kramer (* um 1430; † 1505), ausgestattet mit von ihm gefälschten Gutachten der Kölner Universität sowie einer Bulle von Papst Innozenz VIII. (* 1432; † 1492), die er sich mithilfe päpstlicher Bürokraten bereits vor dem Verfassen der Schrift besorgt hatte. Die Bulle des Papstes enthielt Anweisungen, wie gegen Zauberei vorzugehen sei. Sie bevollmächtigte nicht dazu, Hexen zu verbrennen.[133]

Während also der Hexenwahn in weltlichen Kreisen kaum auf Widerspruch stößt, lehnt die römische Amtskirche die Hinrichtung von Hexen grundsätzlich ab.[134] Noch deutlicher wird die spanische Inquisition. Sie bekämpft Hexenprozesse und verbietet sie schließlich ganz.[135] Die großartigste Ausnahmeerscheinung ist allerdings der Jesuit Friedrich Spee (* 1591; † 1635). Er bezeichnet die Hexenverfahren als „Ammenmärchen und herausgepresste Geständnisse". Er argumentiert nicht nur mit christlichen Wertvorstellungen, etwa der Liebe Gottes zu allen Menschen, sondern kritisiert gerade auch die juristischen Verfahrensschwächen der Prozesse. Unter anderem fordert er eine ordentliche Strafverteidigung, die richterliche Unabhängigkeit und den Grundsatz der Unschuldsvermutung. Er weist darauf hin, dass „die Folter nicht nur ein inhumanes, sondern auch ganz und gar unzuverlässiges Mittel zur

Erforschung der Wahrheit ist"[136]. Seine Gedanken werden leider erst ab dem 18. Jahrhundert ihre volle Wirkung entfalten können, wenn sie von Gottfried Wilhelm Leibniz und anderen wieder aufgegriffen werden.

Schätzungsweise ein Viertel aller der Hexerei Angeklagten waren Männer. Die Verfolgungen waren also auch nicht Ausdruck einer angeblichen Frauenfeindlichkeit innerhalb der Kirche. Prozesse hatten ihren Ursprung häufig in der Anschwärzung von Nachbarn, oft durch Frauen.[137] Der Hexenwahn konnte jeden treffen, vom Außenseiter bis hin zum Würdenträger einer Stadt. Anfang des 17. Jahrhunderts „werden im Herrschaftsgebiet von Bamberg 630 Hexenprozesse geführt und wahrscheinlich über 900 Menschen hingerichtet oder zu Tode gefoltert bei einer Bevölkerung von rund 12.000 Einwohnern … Außer dem Kanzler enden fürstliche Sekretäre, Bürgermeister und Vögte in den lodernden Flammen, nach und nach schließlich alle Mitglieder des Stadtrates"[138].

Im Bamberger Fall scheint es um Neid und Missgunst gegangen zu sein. Andere Prozesse lassen sich am ehesten mit den damaligen Klimabedingungen erklären, einer Mischung aus Not und Aberglauben: „Im frühen 15. Jahrhundert leiden die Menschen unter extrem frostigen Wintern und verregneten Sommern – Vorboten der ‚Kleinen Eiszeit‘ … Zu jener Zeit beginnen die organisierten Hexenjagden, spätere Verfolgungswellen folgen eng den Kälteschüben des rauer werdenden Klimas … Vor allem in kleinen, rückständigen Territorien gedeiht die schrankenlose Verfolgung: Bürgerwehren betreiben Lynchjustiz."[139]

Auch wenn sich viele Geistliche, aus dem protestantischen wie aus dem katholischen Lager, an den Hexenverfolgungen beteiligen und hinter der Zauberei den Pakt mit dem Teufel vermuten, so liegen doch die eigentlichen Ursachen für den Hexenwahn außerhalb der christlichen Lehre. Der damalige Zeitgeist ist bestimmt von dem heidnischen Glauben an Weissagungen und die Möglichkeit magischer Wirkkraft. Die Menschen handeln infolge von Not oder auch schlicht aus Missgunst. Wer sich beteiligt, tut dies nicht als Reaktion auf die offizielle Lehre Roms, sondern aus Gründen der Anpassung an den allgemeinen Zeitgeist.

Das Christentum entwickelt sich in einer Kultur, die Gewalt nicht in Frage stellt. Es entwickelt sich in ständiger Auseinandersetzung mit Unwissenheit, heidnischen und abergläubischen Einflüssen und daraus resultierenden Ängsten. Der Hexenwahn ist ein weiteres Beispiel dafür.

Wo sich der christliche Glaube von all diesen Einflüssen befreit und seiner eigentlichen Botschaft, der Gottes- und Nächstenliebe, folgt, verändert sich die Welt zum Positiven.

Wie das Christentum die Welt veränderte

Der Kampf gegen die Sklaverei

Bevor das Christentum die Weltbühne betritt, stellt niemand die Sklaverei grundsätzlich in Frage. „Kein Philosoph in Sumer, Babylon oder Assyrien protestierte jemals gegen Sklaverei; im Gegenteil, die mesopotamischen Herrscher sahen das Sklaven-Modell als universal an, und Hammurabis' († 1686 v. Chr.) Gesetze betrafen größtenteils Sklaven; auch das ferne Altchina kannte ‚Sklaven-Vieh‘, ebenso die Indios in Nord- und Südamerika. Die Sklaverei verdammten nicht einmal die großen griechischen Philosophen."[140]

Die den Evangelien zugrunde liegenden Prinzipien der Liebe und der Gleichheit vor Gott sind mit der Ausbeutung von Menschen unvereinbar. Das Neue Testament ist allerdings kein politisches Manifest, und in diesem Sinne verlangt der Apostel Paulus auch nicht das sofortige Ende der Sklaverei. Er fordert jedoch einen respektvollen und liebevollen Umgang mit dem Nächsten. Philemon bittet er, den entlaufenen Sklaven Onesimus „nicht mehr als Sklaven, sondern ... als geliebten Bruder" aufzunehmen (Phlm 16). Und an die Epheser schreibt er: „Denn ihr wisst, dass jeder, der etwas Gutes tut, es vom Herrn zurückerhalten wird, ob er ein Sklave ist oder ein freier Mann. Ihr Herren, handelt in gleicher Weise gegen eure Sklaven! Droht ihnen nicht! Denn ihr wisst, dass ihr im Himmel einen gemeinsamen Herrn habt. Bei ihm gibt es kein Ansehen der Person" (Eph 6,8–9).

Der entscheidende Punkt – und darin unterscheidet sich das Christentum von allen anderen Religionen – ist aber der, dass sich in der Gestalt Jesu Gott selbst zum Sklaven machte, um die Menschen zu erlösen und von ihren Sünden freizukaufen. „Ihr seid nicht um einen vergänglichen Preis losgekauft, sondern mit dem kostbaren Blut Christi" (1 Petr 1,18f.).

Dieser Freikauf betrifft alle Menschen gleichermaßen: „Hier ist nicht Jude noch Grieche, hier ist nicht Sklave noch Freier … denn ihr seid allesamt einer in Christus" (Gal 3,28) .

Vor diesem Hintergrund beginnen die frühen Christen ihren Kampf gegen die Sklaverei. Zum christlichen Glauben konvertierte Römer entlassen Tausende von Sklaven in die Freiheit.[141] Die Gemeinde Bischof Cyprians von Karthago (* um 200/10; † 258) sammelt 100.000 Sesterzen zum Loskauf von Sklaven. „Es lassen sich Fälle aufweisen, dass Christen sich selbst als Lösepreis in die Sklaverei begaben, um andere freizukaufen."[142] Mit Calixtus I. (* um 160; † 222) besteigt im 3. Jahrhundert ein ehemaliger Sklave den Papststuhl. Bischöfe wie Ambrosius von Mailand (* 339; † 397) oder Caesarius von Arles (* um 470; † 542) versetzen gottesdienstliche Gefäße, um Gefangene loszukaufen. Die Missionsarbeit Patricks von Irland (* 387; † 460) beendet den dortigen Sklavenhandel vermutlich noch zu seinen Lebzeiten.[143] Papst Eugen IV. (* 1383; † 1447) droht im Jahr 1435 denjenigen mit Exkommunikation, die die Einwohner der Insel Lanzerote nicht aus der Sklaverei entlassen wollen.[144]

Das mittelalterliche Kirchenrecht formuliert diese christliche Haltung im Decretum Gratians folgendermaßen: „Gold besitzt die Kirche nicht dazu, um es zu bewahren, sondern um es auszugeben und in Notsituationen Hilfe zu leisten … Der Schmuck der heiligen (Dinge) gehört dem Loskauf der Gefangenen … Das ist der wahre Schatz des Herrn, der (für die Gefangenen) bewirkt, was (sein) Blut (für uns) bewirkt hat."[145]

Wie in so vielen anderen Bereichen auch überträgt sich das Kirchenrecht bald auf die weltliche Rechtsprechung. Im ältesten deutschen Rechtsbuch, dem Sachsenspiegel des Eike von Repgow (* 1180–1190; † nach 1233), heißt es: „Gott hat den Menschen nach seinem Ebenbild geschaffen und hat ihn durch sein Martyrium erlöst, den einen wie den anderen. Ihm steht der Arme so nah wie der Reiche. Als man zum ersten Mal Recht setzte, da gab es keinen Dienstmann und da waren alle Leute frei."[146]

Bereits im Laufe des 9. und 10. Jahrhunderts verschwindet die Sklaverei weitgehend aus dem Zentrum Europas. Im Kriegsrecht setzt sich die Praxis des Freikaufs gegen Lösegeld durch. Sklaverei finden wir nun nur noch in den südlichen Randgebieten Europas.

Im Gegensatz zum Christentum stellte die islamische Welt den Sklavenhandel nie grundsätzlich in Frage. Einige Stellen des Koran bezeichnen es als gottgefällig, Sklaven freizulassen. (vgl. Sure 2,4 und 5) Andere wiederum stellen die Sklaverei als einen Teil der natürlichen Gesellschaftsordnung dar (vgl. Sure 16 und 30). Der entscheidende Unterschied besteht darin, dass nur der christliche Glaube einen Gott kennt, der sich als Mensch erniedrigte, um zu verdeutlichen, dass gerade das schwächste Glied einer Gesellschaft zur Gemeinschaft Gottes gehört. „Nach der Eroberung des westgotischen Spanien im Jahre 711 erfolgte eine ‚massenhafte Versklavung von Christen'; im islamischen Andalusien Spaniens ‚gab es ein internationales Sklaven-Heer von Griechen, Slawen, Germanen, Russen, Sudanesen und Schwarzen', bei den Ummayarden-Herrschern von Cordoba zeitweilig wohl über 60.000 Mann … Im Hochmittelalter dürften ‚jedes Jahr an die fünf bis zwanzig Tausend Sklaven von der Niger-Region nach Norden transportiert worden sein in die Harems, Kasernen, Küchen und Landgüter der Moslems des Mittelmeerraumes und des Nahen Ostens'."[147]

Mit der Kolonisation der Neuzeit lebt leider auch der von Europäern betriebene Sklavenhandel wieder auf – mit tragischen Konsequenzen. Kein Krieg, kein Massaker, nicht einmal die Weltkriege des 20. Jahrhunderts haben so vielen Menschen das Leben gekostet wie die europäischen Kolonialbewegungen. „In Südamerika sank die Bevölkerung während des 16.

Jahrhunderts von schätzungsweise 70 auf 10 Millionen, in Neuseeland zwischen 1769 und 1890 von über 100.000 auf 40.000; in Neu-England verschwanden im 17. Jahrhundert 75 bis 90 % der Indios."[148] Der weitaus größte Teil davon geht zwar auf eingeschleppte Krankheiten zurück, aber die Zahl der Menschen, die Opfer direkter Kriegshandlungen und vor allem schlechter Behandlung wurden, bleibt erschreckend hoch. Unter den Anstrengungen der Sklavenarbeit starben so viele Indios, dass die Eroberer für die Gewinnung von Gold und Silber bald Schwarzafrikaner herbeizwangen.

Vielerorts sind wir heute noch weit davon entfernt, dem Fremden vorurteilsfrei gegenüberzutreten. Vor allem stehen die Völkermorde und Rassenkonflikte des 20. Jahrhunderts den Verbrechen der Kolonialmächte in nichts nach. Im Gegensatz zum Holocaust an den Juden ging es den Spaniern und Portugiesen nie um bewusste Ausrottung. Und im Gegensatz zu den amerikanischen Rassenkonflikten betreten die europäischen Eroberer des 16. Jahrhunderts mit der Entdeckung von Urvölkern absolutes Neuland. Es entsteht eine Debatte darüber, ob es wirklich möglich ist, dass alle Völker auf ein und denselben Stamm, nämlich Adam und Eva, zurückgehen. Auch einzelne Päpste und Ordensleute sind in dieser Frage unsicher, so zum Beispiel der Dominikaner und Bischof Bartolomé de Las Casas (* 1484/85; † 1566), der für die Indios spricht, aber nicht für die Schwarzen.

Es ist allerdings ein Mythos, zu glauben, die Aufklärer hätten mit ihrem Einsatz für Freiheitsrechte das Ende der Sklaverei herbeigeführt. Der Religionssoziologe Rodney Stark zählt unter anderem Thomas Hobbes, John Locke, David Hume, Charles de Montesquieu, Graf Mirabeau und Voltaire zu den Befürwortern der Sklaverei.[149]

Voltaire bezweifelt, dass Weiße und Schwarze einen gemeinsamen Stammbaum haben. Kant geht davon aus, dass die Weißen zumindest die Stammgattung darstellen. Hegel begründet den Völkermord an den amerikanischen Ureinwohnern mit deren eigener Dummheit. Alle stimmen darin überein, dass Weiße Schwarzen weit überlegen sind und sich daraus auch gewisse Ansprüche und Rechte ableiten.[150]

Montesquieu verstrickt sich in Widersprüche, weil er Sklaverei zwar als einen Verstoß gegen die Natur ansieht, aber dann doch glaubt, dass sie „in einigen Ländern auf natürlichen Ursachen" beruhe, denn: „Die Menschen, um die es sich dabei handelt, sind schwarz von Kopf bis zu den Füßen und haben eine so platte Nase, dass es fast unmöglich ist, sie zu beklagen. Man kann sich nicht vorstellen, dass Gott, der doch ein allweises Wesen ist, eine Seele, und gar noch eine gute Seele, in einen ganz schwarzen Körper gelegt habe. Es ist so natürlich zu glauben, dass gerade die Farbe das Wesen der Menschheit ausmache."[151]

Vor dem Hintergrund all dieses Denkens wird die Leistung von Ordensleuten bis hin zu einigen Päpsten deutlich, die die unmenschliche Behandlung der kolonisierten Völker anklagen und die Wahrung der Würde aller Menschen einfordern.

Der Protest einiger Franziskanermissionare gegen die Zwangsarbeit beginnt bereits im Jahre 1500 und wendet sich direkt gegen Columbus und seine Begleiter. Der Dominikaner Antonio de Montesinos predigt im Jahre 1511: „Sagt, mit welcher Berechtigung und mit welchem Recht haltet ihr diese Indios in so grausamer und schrecklicher Sklaverei? Was ermächtigt euch, so verabscheuungswürdige Kriege gegen diese Menschen zu führen? … Warum haltet ihr sie so unterdrückt und erschöpft, ohne ihnen etwas zu essen zu geben noch ihre Krankheiten zu heilen … und sie sterben euch weg, oder besser, ihr tötet sie, nur um jeden Tag Gold herauszupressen und zu erhalten? … Sind sie keine Menschen? Haben sie keine vernunftbegabten Seelen? Seid ihr nicht verpflichtet, sie zu lieben wie euch selbst?"[152]

Viele andere, wie Bartolomé de Las Casas oder Francisco de Vitoria (* um 1483; † 1546), der Begründer der spanischen Spätscholastik, schließen sich dieser Argumentation an, die auf Thomas von Aquin und die bereits zur Kreuzzugszeit geführte Menschen- und Völkerrechtsdebatte zurückgeht. Manch ein Missionar hat auch Thomas Morus' (* 1478; † 1535) Utopia gelesen, die idealistische Darstellung einer fremden und gerechten Gesellschaft, mit kritischem Blick auf die eigenen englischen Verhältnisse.

In der Bulle von 1538 schreibt Papst Paul III. (* 1468; † 1549): „Deshalb entscheiden und erklären Wir ... dass die vorgenannten Indianer und alle übrigen Völker, die den Christen später noch bekannt werden, auch wenn sie außerhalb des Glaubens leben, ihrer Freiheit und Verfügungsgewalt über ihre Güter nicht beraubt werden dürfen, dass sie im Gegenteil Freiheit und Besitz in rechtmäßiger Unangefochtenheit benutzen, erwerben und sich dessen erfreuen dürfen und dass sie nicht zu Sklaven gemacht werden dürfen; dass alles, was entgegen dem hier Gesagten geschehen mag, ungültig und nichtig ist; und dass die Indianer und die anderen Völker durch die Verkündung des Wortes Gottes und das Beispiel eines guten Lebens zum Glauben an Christus eingeladen werden sollen."[153]

Eine erstaunliche Rolle spielen die Jesuiten, ein Orden neuen Stils, der seinen Schwerpunkt in der Gegenreformation sowie der Mission in der Welt sucht. Nachdem die Kritik von Papst und Orden von den Kolonialmächten weitgehend unbeachtet bleibt, entschließen sich die Jesuiten, Missionsdörfer einzurichten, in denen sie die Indios teilweise sogar bewaffnen, damit sie sich vor dem Zugriff von Menschenhändlern schützen können. „Die Indios durften sich selbst organisieren und verwalten. Zwei Bürgermeister und vier Ratsherren bildeten den Stadtrat, der jedes Jahr neu gewählt wurde. Die geistliche Leitung der Reduktion (Niederlassung) lag in den Händen zweier Jesuitenpatres, die eine Art patriarchalische Herrschaft ausübten. Im Inneren entfaltete sich ein reges Gemeindeleben mit weitgehender sozialer Gleichheit, allgemeiner Lebensmittelversorgung, kostenlosem Schulunterricht und Krankenversorgung, wobei Religion und Glaubenspraxis streng von den Jesuiten vorgegeben wurden. Religion und geistiges Leben dominierten den Alltag, und die Jesuiten förderten Kunst und Musik in besonderem Maße. Viele Indios trugen mit ihren handwerklichen Fähigkeiten zum Bau beeindruckender Barockkirchen bei, die nach europäischen Vorbildern errichtet wurden."[154] Im Vergleich mit den sozialpolitischen Verhältnissen des europäischen Kontinents erscheinen die Gemeinwesen der Jesuiten erstaunlich fortschrittlich.

Erst im Verlauf des 19. Jahrhunderts wird die Sklaverei in Europa und Nordamerika abgeschafft. Diejenigen, die das Ende der Sklaverei durchsetzen, begründen dies weniger mit dem Hinweis auf Bürger- und Menschenrechte als vielmehr aus ihrem christlichen Glauben an die Erlösungslehre heraus. Das aufgeklärt-revolutionäre Frankreich deklariert im Jahr 1789 zwar stolz die Menschenrechte – „Die Menschen werden frei und gleich an Rechten geboren und bleiben es" –, scheitert aber im nächsten Moment kläglich daran, „den französischen Kolonien die Sklaven-Befreiung zu bringen"[155]. In England kommt es dagegen durch den Einfluss frommer Christen wie dem britischen Parlamentarier William Wilberforce (* 1759; † 1833) bereits 1807 zu einer Beendigung des Sklavenhandels. Auch in Amerika spielen religiöse Argumente eine wesentliche Rolle. Der Sklavenhandel wird 1808 verboten, dauert allerdings in den Südstaaten bis zum Ende des Sezessionskriegs an. „Es waren primär die Kirchen und oft die lokalen Gemeinden, nicht die säkularen Clubs und Organisationen, die ausdrückliche Forderungen nach Beendigung der Sklaverei vorbrachten."[156]

Noch heute sagen viele afrikanische Politiker, „wie viel sie ihrer Missionsschule verdanken. Wo immer nämlich Kritik am Kolonialsystem laut wurde, waren es Missionare, die sich zu Fürsprechern der Eingeborenen machten … Tatsächlich artikulierte sich die Opposition der kolonialisierten Völker und ihr Verlangen nach Selbstständigkeit ‚zunächst unter Christen und resultierte aus den Lehren der christlichen Botschaft'. Insofern leistete die christliche Mission einen wesentlichen Beitrag zur globalen Humanisierung"[157].

Wie dankbar wir über unsere christliche Vergangenheit sein können, zeigt nicht zuletzt ein Blick auf die islamischen Staaten, in denen die Sklaverei nur durch Druck von außen beendet werden konnte: „1922 in Marokko, 1929 im Irak und Iran, 1962 in Jemen und 1963 in Saudi-Arabien, wo bis dahin noch Sklaven-Märkte bestanden"[158]. Noch heute gibt es Organisationen wie die „Christian Solidarity International", die beispielsweise im „Sudan Sklaven (die meisten schwarze Christen) freikauft". In diesem Land wurden seit den 1980er-Jahren „über zwei Millionen Christen und Animisten, darunter die meisten Sklaven, von islamistischen Kräften ermordet oder hingerichtet"[159]. Seit 1995 wurden mehr als 12.000 Sklaven freigekauft. „77 % von ihnen haben zugegeben, zum Übertritt zum Islam gezwungen worden zu sein, während 80 % der mehr als zehn Jahre alten Mädchen erklärten, von ihrem ‚Herrn' vergewaltigt worden zu sein."[160]

Wissenschaft und Bildung

Bei diesem Thema denken viele vermutlich als Erstes an den Fall Galileo Galilei (* 1564; † 1641/42), der, von seinem Bewunderer Papst Urban VIII. (* 1568; † 1644) zu einem Werk über das ptolemäische und kopernikanische Weltbild angeregt, gleich darauf vor dem Inquisitionsgericht landete. Die Kirche wollte das kopernikanische System als Hypothese formuliert wissen. Galileo war diesem Wunsch nicht deutlich genug nachgekommen, musste seinem Werk abschwören und erhielt Hausarrest.

Streng genommen bestand die Kirche damals lediglich auf einem Beweis gegen das ptolemäische Weltbild, zu dem Galileo wegen falscher Grundannahmen noch nicht in der Lage war. Und sie formulierte keine lehramtliche Äußerung, „die man als Dogma hätte bezeichnen können und die deshalb unwiderruflich gewesen wäre."[161]

Was uns heute an den Verfahren gegen Andersdenkende besonders abstößt, ist die Härte des damaligen Strafmaßes. Darüber hinaus finden wir es überhaupt unentschuldbar, die freie Meinungsäußerung zu unterdrücken, und das auch noch in Fragen, die uns heute kaum mehr interessieren.

Aber vergessen wir nicht: Das Fundament der vorrechtsstaatlichen Gesellschaften war das christliche Weltbild. An ihm zu rütteln bedeutete so viel, wie die Grundwerte unserer Verfassung in Frage zu stellen. Der Gedanke, die Ordnung einer christlichen oder die einer demokratischen Gesellschaft garantieren zu wollen, unterscheidet sich gar nicht so sehr voneinander. Verfassungsfeindliche Kräfte stehen auch heute unter Beobachtung. Selbst ein Verstoß gegen die politische Korrektheit genügt schon für einen öffentlichen Aufschrei und bisweilen sogar für ein Parteiausschlussverfahren, wie wir im Fall SPD gegen Thilo Sarrazin beobachten konnten. Das laute Gezeter gegen ihn, das bis zur Forderung reichte, er dürfe im öffentlichen Fernsehen keine Meinungsplattform erhalten, vermittelt den Eindruck, als würde sich manch einer die Möglichkeiten eines galileischen Strafverfahrens zurückwünschen.

Dass Galileo in der Kirche große Bewunderer und ängstliche Gegner findet; dass sich ein Papst für den Humanismus begeistert und ein anderer nicht; dass sich einer als Musikliebhaber herausstellt und der nächste nicht; dass sich die einen den Wissenschaften offen und interessiert zuwenden, die anderen ängstlich oder verbohrt abwenden, all das ist nicht wirklich entscheidend. Viel wichtiger ist die Tatsache, dass der christliche Glaube, insgesamt gesehen, eine wesentliche Grundvoraussetzung dafür war, dass so viel Positives entstehen konnte, und zwar auch im Bereich von Wissenschaft und Bildung.

Eine dieser Grundvoraussetzungen ist die Vorstellung von Gott als rationales Wesen. Nach seinem Bild erschafft er den vernunftbegabten Menschen, und seine Schöpfung folgt rational nachvollziehbaren Gesetzen. „Diese Annahme ist ein absoluter Schlüssel für die wissenschaftliche Forschung, denn in einer heidnisch-polytheistischen Welt, deren Götter irrationale Akteure in einer irrationalen Welt waren, war an systematische Forschung nicht zu denken."[162]

Eine zweite Voraussetzung ist die Trennung zwischen Gott und Natur. „Unter den Animisten in Zentral- und Südafrika, aber auch in vielen anderen Kulturen hätte die moderne Wissenschaft nie entstehen können, weil diese Gesellschaften nie begonnen hätten, mit der Natur zu experimentieren; für sie enthielt alles – ob Steine, Bäume, Tiere oder was auch immer – die Geister diverser Götter oder Vorfahren."[163]

Eine dritte Voraussetzung ist die Hochschätzung der Arbeit. Schließlich war Christus selbst Zimmermann, und Paulus verdiente sein Geld auf Missionsreisen als Zeltmacher. Den Christen in Thessalonich sagt er an einer Stelle: „Wer nicht arbeiten will, der soll auch nicht essen" (2 Thess 3,10).

Die Gesellschaften der Antike ließen Sklaven die körperliche Arbeit verrichten. In Athen gab es „fünf Mal so viele Sklaven wie Bürger"[164]. Die griechischen Philosophen waren in der Regel reine Denker. Anders die christlichen Mönche. Sie vermischten das Spirituelle mit dem Handwerklichen. Das empirisch experimentelle Arbeiten als Grundlage der modernen Wissenschaften entsteht deshalb zunächst in den Klöstern. Zu den Pionieren gehören der Bischof Robert Grosseteste (* um 1170; † 1253), die Franziskanermönche Roger Bacon (* 1214; † 1292 oder

1294), Wilhelm von Ockham (* um 1288; † 1347) oder Francis Bacon (* 1561; † 1626). Im Grunde waren praktisch „alle Wissenschaftler vom Mittelalter bis tief ins 18. Jahrhundert hinein gläubige Christen, die sich bei ihren Theorien von biblischen Grundsätzen und Prämissen leiten ließen"[165]. Dazu gehörte natürlich auch Galileo Galilei.

Das europäische Bildungssystem bekommt im 16. und 17. Jahrhundert einen neuen Schub. Den Lehrauftrag übernehmen die neuen Kollegien und Gymnasien der Jesuiten und Benediktiner. Bis heute genießen viele von ihnen in aller Welt einen hervorragenden Ruf. René Descartes (* 1596; † 1650) nannte die Jesuitenschule La Flèche, die er selbst besucht hatte, „eine der berühmtesten Schulen Europas"[166].

Auf Initiative der „Englischen Fräulein" der Mary Ward, der Ursulinen, Katherinerinnen, Welschnonnen und Visitantinnen entstehen zahlreiche Schulen speziell für Mädchen. Neue Universitäten und Hochschulen bis hin zu den Akademien des 17. und 18. Jahrhunderts verbreiten sich in ganz Europa. Das Ideal des Gelehrten spiegelt sich auch in den berühmten Büchersammlungen der Barockabteien wider. In den Orden blüht das wissenschaftliche Arbeiten. Ein gutes Beispiel ist das Benediktinerkloster Saint-Germain-des-Près in Paris. Von dort gehen viele neue Impulse aus, etwa durch Jean Mabillon (* 1632; † 1707), der die „Grundlage der modernen Urkundenlehre"[167] entwickelt.

An den Universitäten kommt es zu einer Thomas-Renaissance. Im Jahr 1567 erhebt ihn Papst Pius V. (* 1504; † 1572) zum Kirchenlehrer. Der Jesuit und Philosoph Francisco Suárez (* 1548; † 1617) behandelt „Fragen der Volkssouveränität ... und wirkt in der Rechtstheorie auf den bedeutenden niederländischen Völkerrechtler Hugo Grotius ein"[168]. Als Reaktion auf Sklaverei, Kolonisation, Zins und Freizügigkeit gewinnt ab Ende des 16. Jahrhunderts die Moraltheologie an Bedeutung. Diskutiert werden unter anderem die Fragen des Tyrannenmordes, des Widerstandsrechts, der Wirschaftsethik und Sexualmoral.[169] Im Laufe des 17. Jahrhunderts entwickelt sich die Bibelkritik, angestoßen durch den niederländischen Philosophen Baruch de Spinoza (* 1632; † 1677) und den französischen Exegeten Richard Simon (* 1638; † 1712). Spinoza und Simon stellen Fragen nach dem historischen Hintergrund der Texte, nach sprachlichen Eigentümlichkeiten und den Textautoren selbst. „Ähnlich wie in der Exegese, die Simon nicht an der Universität, sondern im Raume des französischen Oratoriums betrieb, erarbeiteten nicht Professoren, sondern im wesentlichen Ordensleute die großen historischen Werke der frühen Neuzeit."[170]

In der Kirche gab es immer Menschen, die die großen Geister ihrer Zeit bewunderten und förderten, und andere, die dem allzu Neuen gegenüber skeptisch waren und ihm Hindernisse in den Weg stellten. Entscheidend ist, dass aus einem christlichen Interesse heraus ein Bildungssystem entstand, dem wir unser heutiges Lehr-, Forschungs- und damit auch Wohlstandsniveau verdanken.

Die christliche Kunst am Beispiel des Barock

Im Barockzeitalter verbinden sich Kunst und christlicher Glaube ein letztes Mal zu einem beeindruckenden Gesamtkunstwerk. – Jedoch nicht überall: Die geistliche Barockkunst begleitet dort ein leichter Beigeschmack, wo sie sich zu sehr aus dem Konfessionskonflikt heraus begründet, zu sehr als Darstellung der eigenen Größe definiert. Wenn sie nicht prunkvoll heiter, sondern überladen, nicht tief empfunden, sondern schwülstig wirkt. Der weltlichen Barockkunst nimmt man die beiläufige Selbstverherrlichung des absolutistischen Herrschers weniger übel als der Kirche.

Wir befinden uns mittlerweile in einer Epoche, in der die Kunst im weltlichen Bereich ebenso stark präsent ist wie im kirchlichen, denken wir beispielsweise an die Opern von Monteverdi bis Händel oder die Tanzmusik am französischen Hof.

Es ist die Zeit der Teilung Europas in einen protestantischen Norden und einen katholischen Süden, des Endes der mittelalterlichen Einheit aus Kaiser und Papst und des Beginns neuer Machtverhältnisse. England und die Niederlande erstarken als dominierende Seemächte. Brandenburg erwirbt das Herzogtum Preußen und wächst zu einer neuen protestantischen Großmacht heran. Spanien verliert seine Vormachtstellung an Frankreich. Die Habsburger dehnen sich im südosteuropäischen Raum aus. Die Macht der Päpste schwindet, die der absolutistischen Herrscher wächst.

Gegensätze bestimmen diese Epoche: Reformation und Gegenreformation, Frömmigkeit und Krieg, Absolutismus und bürgerliches Standesbewusstsein, Gelehrsamkeit und Lebenslust, Disziplin und Freiheit, geistliche und weltliche Lebenswelten. All das findet seine Entsprechung in einer Kunst aus Licht und Schatten, heiterer Pracht und Schwulst, Illusion und Wirklichkeit, Farbkontrasten, Zierlichem und Wucherndem. In der Musik ist es der sich aus den Kirchentonarten herausbildende Kontrast zwischen Dur und Moll, das Wechselspiel aus Rezitativ und Choral, Arie und Polyfonie, aus strengen Regeln und Improvisation.

Auch wenn sich die Barockkunst teilweise aus dem Wunsch erklärt, sich vom konfessionellen Gegenüber abzusetzen, bedeutet dies doch nicht, dass das jeweils eigene Profil nicht echt empfunden und ernst gemeint ist. In der prunkvollen Ausgestaltung der Kirchen mit ihren Skulpturen, Verzierungen und malerischen Tiefenwirkungen, der Heiligen- und Marienverehrung, dem Rosenkranz, Wegkreuzen, Prozessionen und Wallfahrten verschafft uns das katholische Barock einen direkten Blick auf das Schöne, die Hoffnung und Freude des christlichen Glaubens. Gleichzeitig wird in der extremen Darstellung des Leidens Christi eine erschütternde Tiefe sichtbar. Was auf katholischer Seite im so genannten „Schauerchristus" zum Ausdruck kommt, der bedeckt ist von Wundmalen, findet auf protestantischer Seite seine höchste Darstellungsform in der Musik J. S. Bachs (* 1685; † 1750).

Die Matthäuspassion gehört sicherlich zu den beeindruckendsten Werken, die je geschrieben wurden. Von Bach wissen wir, wie sehr ihn der christliche Glaube dabei inspirierte. Der Komponist stellt sich gegen den damaligen Trend, Libretti frei zu erfinden. Dort, wo die Texte der Evangelien als Grundlage dienen, besteht er auf ihrem unverfälschten Wortlaut. Während er in diesem Punkt an der alten christlichen Tradition festhält, das Bibelwort nicht zu verwässern, geht seine Musik weit über das bisher Übliche hinaus. Als die Menge von Pilatus die Freilassung des Barrabas – nicht Jesu – fordert, komponiert Bach einen dissonanten Klang, aufbauend auf einem Tritonus-Intervall, das als Inbegriff des Bösen empfunden wurde und seinen Zeitgenossen das Blut in den Adern gefrieren lassen musste.

Die Matthäuspassion war extrem umstritten, da sie viele Zuhörer schlicht überforderte. Bach hatte nicht nach einer gefälligen Klangästhetik gesucht, sondern seinen tiefsten Glaubensempfindungen Ausdruck verliehen. Er erwies sich als Meister in der Kunst, Gefühle wie innere Unruhe und Bilder wie das Erdbeben nach Christi Tod musikalisch erlebbar zu machen.

Unter dieser nachvollziehbaren Schicht figürlicher und stimmungsvoller Kompositionstechnik verbirgt sich noch eine weitere: die Ebene hintergründiger Symbolik. Der Eröffnungschoral ist in e-Moll – eine Tonart mit einem Kreuz als Vorzeichen: Symbol für den sich ankündigenden Leidensweg. Je näher wir der Kreuzigung kommen, desto häufiger wird die Anzahl der Kreuze entsprechender Tonarten. Für den Ruf der Menge: „Lass ihn kreuzigen" erfindet Bach eine viertönige Kreuzmotivik.

Durch die Tonlängenfolgen 2 1 3 8 (alphabetisch: BACH) bezeugt er seine Teilnahme am Leidensgeschehen.

All diese unterschiedlichen Kompositions- und Verständnisebenen machen die Matthäuspassion zu einem außergewöhnlich vielschichtigen Werk, das ohne die christliche Glaubenswelt Bachs niemals zustande gekommen wäre.

Die Nächstenliebe

Die Liebe steht im Zentrum des christlichen Glaubens. Sie bestimmt das Leben Jesu in all seinem Wirken für die Schwachen und Kranken, bis hin zu Tod und Auferstehung, als Ausdruck der Liebe Gottes zu den Menschen. Ihr verdanken wir die Sensibilisierung unserer Gesellschaft für die Nöte der Armen und Kranken. Ohne christliches Liebesgebot gäbe es heute keinen Sozialstaat. Ebensowenig den Rechtsstaat, so wie wir ihn kennen. Denn die Liebe Gottes zu den Menschen ist Voraussetzung dafür, die Idee der Menschenwürde, als für alle gleichermaßen geltend, überhaupt begreifen zu können.

Jesus erklärt die Nächstenliebe neben der Gottesliebe zum höchsten aller Gebote. Wer einem Hungernden, Gefangenen oder Kranken hilft, hilft ihm persönlich (vgl. Mt 25,35–36). Das Neue Testament ist voller Aufforderungen, seinen Nächsten zu lieben, ihm zu vergeben und zu helfen. Was es in der israelischen und ägyptischen Kultur an Ansätzen sozialer Verantwortung bereits gibt, wird das Christentum intensivieren. Verglichen mit der griechisch-römischen Gesellschaft, ist die christliche Idee der Armen- und Krankenfürsorge etwas revolutionär Neues.

In der Antike ließ Freigebigkeit eine Gegenleistung erwarten. Die Empfänger solcher Leistungen waren meistens „Menschen aus den oberen Schichten, die eigentlich keine Hilfe brauchten"[171]. Die römische Oberschicht spendierte „den Mitbürgern Bauwerke oder Vergnügungen, statt den Armen Almosen zu geben"[172]. Förderungswürdig war das, was einem selbst oder der Stärke Roms diente. Krankheit und Schwächlichkeit hatten hier keinen Platz.

Das Engagement der frühen Christen für Arme, Kranke, Sterbende, Witwen, Waisen und Sklaven fiel auf, weil es so neu war. Kaiser Julian Apostata (* 331; † 363) wunderte sich beispielsweise, weil sich die Christen Alexandriens um Pestkranke kümmerten, während die Römer ausnahmslos die Flucht ergriffen. Benignus von Dijon (2. oder 3. Jahrhundert) erfuhr Ablehnung, weil er sich missgebildeter Kinder annahm, die Opfer von Verstoßung oder fehlgeschlagener Abtreibung geworden waren. Er starb den Märtyrertod. „Ein gebrechliches Kind, das keiner haben wollte, zu retten, war für die Römer ein Affront, der gegen ihre kulturellen Normen ging. Wir erinnern uns an die Worte Senecas: ‚Wir ertränken Neugeborene, die schwächlich und missgebildet sind.'"[173]

Von der Nächstenliebe zum Sozialstaat

Blicken wir zurück auf die vergangenen 2000 Jahre, so ergibt sich eine klare Linie von den Anfängen christlichen Engagements bis hin zum heutigen Sozialstaat. Im ersten Jahrtausend war es allein die Kirche, die sich um Arme und Hilfsbedürftige kümmerte. Als kirchliche Einrichtungen entstehen im 4. Jahrhundert Krankenhäuser, Waisenhäuser, Armenhäuser und Heime für Geisteskranke. Im 5. Jahrhundert folgen Altenheime und im 7. Jahrhundert Häuser für Blinde.[174]

Soweit wir wissen, gab es weder bei den Griechen noch bei den Römern Krankenhäuser, in denen sich der Normalbürger behandeln lassen konnte. Die römischen Lazarette dienten der Behandlung der Soldaten. Und die so genannten *iatreia* der antiken Griechen waren Orte, in denen

Krankheiten lediglich diagnostiziert wurden.[175] Auf die Idee, spendenfinanzierte Spitäler ins Leben zu rufen, die sich um pflegebedürftige Arme kümmern, wäre man im alten Griechenland und Rom nie gekommen.

In den christlichen Spitälern pflegt man nicht nur Kranke, sondern bietet auch Unterkunft für Arme und Pilger. Das Konzil von Nicäa (325 n. Chr.) formuliert den Auftrag an alle Bischöfe, Hospize überall dort zu gründen, wo es eine Kathedrale gibt. Dies setzt eine Entwicklung in Gang, die durch die Klostergründungen noch verstärkt wird. Zu ihren klassischen Aufgaben gehören die Pflege der Kranken und die Speisung der Armen – wir erinnern uns an die 17.000 jährlichen Armenspeisungen von Cluny. „Mitte des 16. Jahrhunderts zählte man ca. 37.000 Benediktinerklöster, die die Kranken pflegten."[176] Einige neue Orden widmen sich fast ausschließlich der Krankenpflege. Der älteste darauf spezialisierte Nonnenorden sind die Augustinerinnen aus dem 13. Jahrhundert. Auch die von den Kreuzrittern gegründeten Hospizorden, die Hospitaliter, der Lazarusorden und die Johanniter (später Malteser) kümmern sich um Aussätzige und Kranke, und zwar nicht nur um Christen, sondern auch um Muslime.

Zu den Hilfsbedürftigen, derer sich die frühen Christen annahmen, gehörten auch die Waisenkinder. Man gab ihnen ein neues Zuhause oder unterstützte sie anderweitig. Im 4. Jahrhundert entstanden die ersten Waisenhäuser. „Im 12. Jahrhundert errichteten einige der zur Kreuzfahrerzeit entstandenen religiösen Orden Heime für Waisenkinder; ein solcher Orden war der Heilig-Geist-Orden, der gegen Ende des 13. Jahrhunderts über 800 Waisenhäuser leitete. Auch viele Klöster nahmen sich der Waisen an."[177] Weitere Initiativen folgten, etwa die „Waisenkinderzüge", die Pastor Charles Loring Brace (* 1826; † 1890) im 19. Jahrhundert in den USA organisierte. Straßenkinder wurden zu ländlichen Familien gebracht und wuchsen dort auf. Auch die Idee des Taufpaten hat den Hintergrund, Kinder einerseits mit einem geistigen Beistand, notfalls aber eben auch materiell abzusichern. „Waisenhäuser, Paten, Waisenkinderzüge – die Griechen und Römer wären nie auf dergleichen Ideen gekommen, die ihrer kulturellen Praxis der Aussetzung oder Tötung von Säuglingen so diametral zuwiderliefen. Die Christen der ersten Jahrhunderte retteten Tausende und Abertausende von unerwünschten Kindern und gaben ihnen die Chance, ein normales Leben zu führen."[178]

Im Umgang mit Geisteskranken tat man sich dagegen schwer, vermutlich vor allem deshalb, weil man die Ursachen und Hintergründe dieser Erkrankungen so wenig verstand. Wir wissen zwar um einzelne Bischöfe, Mönche und frühe Christen, die sich geistig behinderter Menschen annahmen. Und es ist bekannt, dass sich im frühen Mittelalter einige Klöster um ihre Pflege kümmerten. Dann aber scheint sich der Umgang mit ihnen dramatisch zu verschlechtern. „Gegen Ende des Mittelalters und noch danach wurden psychisch gestörte Menschen meist in Räumlichkeiten untergebracht, die eher Kerker als Heime waren. Man glaubte allen Ernstes, dass man sie durch körperliche Strafen und Anketten wieder zu Verstand bringen konnte. Oft wurden sie wie wilde Tiere behandelt."[179]

Die Ersten, die sich für eine Veränderung der Einstellung gegenüber Geisteskranken einsetzen, sind gläubige Christen. In Frankreich beispielsweise der Arzt Philippe Pinel (* 1745; † 1826), der sich ihrer annahm und sie respektvoll als Kranke behandelte. In den USA Dorothea Lynde Dix (* 1802; † 1887), die ihr Leben lang auf eine Verbesserung der Behandlungsbedingungen Geisteskranker drängte. In einer Parlamentsrede in Massachusetts rief sie den Anwesenden entgegen: „Ich erkläre, dass Sie keinen Anstand besitzen und keine Christen sind."[180]

Die Gründung von Blindenheimen, die Entwicklung der Blindenschrift durch Louis Braille (* 1809; † 1852) und der Zeichensprache für den Unterricht von Taubstummen durch den französischen Priester Charles Michel de l'Epée (* 1712; † 1798) sind weitere Beispiele für den positiven Einfluss des Christlichen. In der griechisch-römischen Antike wurden blinde Neugeborene „gemeinhin irgendwo in der Wildnis ausgesetzt. In Lacedaemonia (Griechenland) wurden sie ins Meer geworfen. Blinde Knaben, die nicht getötet wurden oder die erst später erblindeten, wurden meist Galeerensklaven, blinde Mädchen Prostituierte."[181]

Etwa ab dem 9. Jahrhundert beginnt ein langsamer Prozess der Säkularisierung des Sozialwesens. Neben die kirchlichen Einrichtungen tritt der Lehnsherr und schließlich der moderne Staat. Wenn der Sozialstaat aus den Traditionen der christlichen Nächstenliebe hervorgeht, so unterscheidet er sich doch auch wesentlich von ihr. Eine mit Steuereinnahmen finanzierte Sozialhilfe beruht auf einer Zwangsabgabe, die zwar gesellschaftlich legitimiert sein kann, aber keinerlei persönlichen Einsatz erfordert. Die christliche Nächstenliebe geschieht freiwillig, aus einer tatsächlich empfundenen selbstlosen Liebe heraus. Der Sozialstaat kann die christliche Nächstenliebe deshalb auch nicht ersetzen. Denn es sind nicht staatliche Gesetze, die einen heiligen Franziskus, eine Mutter Teresa oder auch einen Jean-Henri Dunant (* 1828; † 1910) zum Handeln bewegen. Dunant, auf dessen Initiative hin das Rote Kreuz gegründet wurde, sagte auf seinem Sterbebett: „Ich bin ein Jünger Christi wie im ersten Jahrhundert und sonst nichts."[182]

Die Menschenwürde

Dass wir eine Würde besitzen und sich daraus Grundrechte ableiten, ist eine erhebende Vorstellung. „Die Würde des Menschen ist unantastbar", heißt es in Art. 1 Abs. 1 unseres deutschen Grundgesetzes. So selbstverständlich uns dies mittlerweile vorkommt, so schwierig ist es zu verstehen, was mit diesem Begriff eigentlich gemeint ist, woher er kommt und wie wir ihn begründen.

Die Würde scheint nicht zu den Dingen zu gehören, die wir uns gegenseitig zusprechen oder wegnehmen können. Sie ist in dem Sinne unantastbar, dass sie von anderen nur insoweit verletzt werden kann, „als sie nicht respektiert wird. Wer sie nicht respektiert, nimmt nicht dem anderen seine Würde, sondern er verliert die eigene. Nicht Maximilian Kolbe und nicht Kaplan Popieluszko haben ihre Würde verloren, sondern deren Mörder."[183]

Nur in Bezug auf etwas Höheres und Absolutes lässt sich Menschenwürde überhaupt begründen. „Die Kostbarkeit des Menschen ‚an sich‘, also nicht nur für den Menschen, macht sein Leben zu etwas Heiligem, und sie gibt dem Begriff der Würde erst jene ontologische Dimension, ohne welche das mit diesem Begriff Gemeinte gar nicht gedacht werden kann. Der Begriff ‚Würde‘ meint etwas Sakrales: Er ist ein im Grunde religiös-metaphysischer. Horkheimer und Adorno haben dies genau gesehen, als sie schrieben, es gäbe eigentlich nur ein religiöses Argument gegen den Mord."[184]

Aus christlicher Sicht erklärt sich unsere Würde daraus, dass Gott uns nach seinem Ebenbild geschaffen hat, dass er uns liebt, dass wir Teil einer Schöpfung sind, die einen tieferen Sinn enthält und auf ein ewiges Leben hin ausgerichtet ist. Fallen all diese Dinge weg, werden Sinn und Größe hinfällig, und das Konzept von Würde bricht in sich zusammen.

Nur aus der religiösen Perspektive heraus können wir begründen, dass alles menschliche Leben an sich bereits die Grundvoraussetzung von Würde erfüllt. Davon abgesehen, unterscheiden wir uns deutlich in dem Grade, wie wir unsere Würde zum Ausdruck bringen. „Die Ungleichheit in der persönlichen Würde liegt begründet in der unterschiedlichen sittlichen Vollkommenheit des Menschen. Je befangener jemand ist in seiner natürlichen Subjektivität, je ausgelieferter an seine Triebe oder je fixierter auf seine Interessen, je distanzloser zu sich selbst, umso weniger Würde besitzt er. Pater Maximilian Kolbe besaß in seinem Hungerbunker mehr Würde als seine Schergen, aber auch mehr Würde als der rechtschaffene Mann, für den er sein Leben opferte. Der Heroismus der Heiligkeit ist die höchste Würde, die jemand erlangen kann."[185]

Nun ist der Begriff der menschlichen Würde nicht besonders konkret. Und es leiten sich daraus auch nicht unmittelbare Gesetzesforderungen ab, wie etwa die 35-Stunden-Woche, sondern eher so etwas wie Grundrechte überhaupt. Wie sie ausgestaltet werden, hängt davon ab, was eine Gesellschaft unter Menschenwürde versteht. In Europa prägte der christliche Glaube unsere Überzeugung, dass den Benachteiligten einer Gesellschaft die gleiche Würde zukommt wie den Privilegierten. Die Geschichte der christlichen Nächstenliebe erzählt davon, wie sich der Respekt vor der Würde aller Menschen herausbilden konnte.

Was wir also dem Christentum verdanken, ist ein Begriff von Menschenwürde, der alle mit einbezieht, insbesondere die schwächsten Glieder einer Gesellschaft; der außerdem den Anspruch hat, unantastbar und verbindlich zu sein. Diese Attribute sind alles andere als selbstverständlich.

Die in Kairo verabschiedete „Erklärung der Menschenrechte im Islam" aus dem Jahr 1990 formuliert einen Begriff von Menschenwürde, der sinngemäß von der Zugehörigkeit zum islamischen Glauben abhängt. Dies ist auch konsequent, berücksichtigt man die Art, wie der Koran zwischen Gläubigen und Ungläubigen unterscheidet. „Das grundlegende Menschenrecht der Religionsfreiheit wird dort nur im negativen Sinne erwähnt – als Verbot, sich selbst oder einen anderen zu einer fremden Religion zu bekehren oder sich dem Atheismus zuzuwenden; ansonsten ordnet die Erklärung die Menschenrechte der Scharia unter."[186]

Die sozialistischen Ostblockstaaten sprachen gerne von Menschenwürde. Darunter verstanden sie allerdings etwas, das sich der Bürger durch seine Zustimmung zum kommunistischen Gedanken erwirbt und bei Ablehnung wieder verliert.

Noch deutlicher wurde dies im Nationalsozialismus, der die Würde von Rassenzugehörigkeit und Mitläufertum abhängig machte.

Während das christliche Denken davon ausgeht, dass wir alle „eins in Christus sind" und uns Rechte und Pflichten aufgrund unseres Seins als Mensch zukommen, wünscht sich der Atheist ebenfalls eine Welt mit Regeln, Gesetzen und Rechten. Dies kann er aber nur mit seinem Interesse erklären, nicht in einer Welt aus Anarchie und Chaos leben zu wollen. Er wünscht sich also eine Gesellschaft, in der sich alle so verhalten, als gäbe es so etwas wie Menschenwürde. Diese begründen kann er aber nicht. „Und nicht von ungefähr haben sowohl Nietzsche wie Marx Würde als ein erst Herzustellendes und nicht als ein zu Respektierendes bezeichnet."[187]

In einer Gesellschaft, die keinen Gott denkt, hängt die Menschenwürde vom subjektiven Empfinden des Menschen ab und steht damit auf wackeligen Füßen. Es fehlt die Stabilität einer objektiven Werteordnung als „Voraussetzung für die Begründung und Aufrechterhaltung einer demokratischen Verfassungsordnung"[188].

Die Kritik am christlichen Wahrheitsanspruch am Beispiel der Vermengung von Religion und Politik

Müssen wir trotz aller Argumente für den christlichen Glauben nicht kritisch darauf hinweisen, dass es in der Natur der christlichen Religion liegt, aus dem ihr eigenen Wahrheitsanspruch heraus politische Angelegenheiten mitbestimmen zu wollen? Dass dies in der Vergangenheit dazu führte, Andersdenkende zu unterdrücken? Sollten wir deshalb nicht die Religion lieber aus dem politischen Meinungsbildungsprozess unserer Demokratien ausschließen?

Blicken wir noch einmal zurück, wie sich das Verhältnis von Kaiser und Papst über die Jahrhunderte entwickelte.

Die frühen Christen stellten die politischen Autoritäten nicht in Frage. Worauf es ihnen ankam, war Religionsfreiheit. Sie wollten nicht diskriminiert, verfolgt oder dazu gezwungen werden, dem Kaiser oder fremden Göttern zu huldigen. Der Schriftsteller Tertullian schreibt: „Es ist menschliches und natürliches Recht, dass jeder anbeten kann, was er will … Wenn ihr uns also zum Opfern zwingt, gebt ihr euren Göttern in Wirklichkeit nichts; sie brauchen keine widerwillig dargebrachten Opfer."[189] Die Christen orientierten sich an den Worten Jesu, dass sein Reich nicht von dieser Welt sei; man dem Kaiser geben solle, was dem Kaiser zusteht. und Gott, was Gott gebührt.

Mit der Konstantinischen Wende und der Erklärung des christlichen Glaubens zur Staatsreligion unter Kaiser Theodosius I. (* 347; † 395) ist die Unabhängigkeit der Religion aufs Neue in Gefahr, nur diesmal auf eine andere Art. In der Tradition des römischen Gottkaisertums beansprucht Theodosius die Oberhoheit auch in religiösen Dingen. Ende des 5. Jahrhunderts fordert Papst Gelasius deshalb eine Trennung zwischen kirchlicher Autorität und weltlicher Macht. In moralischen Dingen müsse die Kirche den weltlichen Herrschern übergeordnet sein. Es geht ihm darum, die Unabhängigkeit der Religion zu bewahren und den Machtmissbrauch in der Politik zu begrenzen. Für die damalige Zeit ein beeindruckender Gedanke. Denn erstens war die Trennung von Religion und Politik ein absolutes Novum in der Geschichte. Und zweitens wurde damit das Prinzip der Gewaltenteilung, eine Art rechtsstaatlicher Kontrolle politischer Macht, formuliert. In diesem Sinne zwang etwa Bischof Ambrosius von Mailand (* 339; † 397) Kaiser Theodosius „wegen des von ihm verschuldeten Massakers von Thessaloniki zur öffentlichen Kirchenbuße, die ihn während acht Monaten im Büßergewand in den öffentlichen Büßerstand verbannte und vom Empfang des Altarsakramentes ausschloß"[190].

Augustinus unterschied zwischen einem weltlichen und einem göttlichen Reich. Das Reich Gottes entstünde in den Herzen der Menschen und nicht durch bestimmte Maßnahmen der Politik. Papst Gelasius hält diesen Gedanken aufrecht, nicht aber die Kaiser. Etwa ab dem 7. Jahrhundert beginnt sich die Idee der Gewaltentrennung aufzulösen, und ab dem 9. Jahrhundert, als Karolinger, Ottonen und Salier mit der Königssalbung den Titel eines Stellvertreters Christi erhalten, ist sie praktisch verschwunden. Die Kirche kann nun nicht mehr für sich beanspruchen, der Politik aus einer moralischen Oberhoheit heraus Grenzen setzen zu wollen. Sie wird selbst „zu einem integralen Bestandteil des Imperiums – zur Reichskirche –, die Bischöfe werden zu Funktionären des Reichs, die Ortskirchen befinden sich unter der Leitung der Fürsten und sind, wie auch die Pfarreien, zu weiten Teilen Eigentum von Grundherren (so genannte ‚Eigenkirchen‘), die auch die geistlichen Ämter bestellen (Laieninvestitur). Mit der Freiheit der Kirche war es vorbei. Sie wurde zum Teil des Reichskirchensystems und damit leicht auch zum Spielball politischer und wirtschaftlicher Interessen. Zudem

… versanken weite Teil des Klerus im Sumpf irdischer Geschäfte, Interessen und Machenschaften."[191]

Gegen Ende des 11. Jahrhunderts fordert Gregor VII. (* 1020; † 1085) die Kernkompetenz der Päpste zurück und degradiert die weltlichen Herrscher wieder zu Laien: „… nur der römische Bischof, der Papst also, ist berechtigt, Bischöfe abzusetzen und wieder einzusetzen (III.); es ist ihm auch erlaubt, Kaiser abzusetzen (XII.) und Untergebene vom Treueid gegenüber Sündern zu lösen (XXVII.); seine Urteile dürfen von niemandem widerrufen werden, er aber kann die Urteile aller widerrufen (XVIII.)."[192]

Die Formulierung der Suprematie des Papstes auch über die weltlichen Dinge macht den römischen Bischof theoretisch zum einzig wahren Souverän dieser Zeit. Die Kirche erhält „Züge einer ‚staatlichen' – oder ‚suprastaatlichen' – Zwangsgewalt, die, allein durch ihr rechtsverbindliches Wort, sich des Armes der weltlichen Gewalt zum Zwecke der gewaltanwendenden Repression von Machtmissbrauch, Ungerechtigkeit, aber auch von Häresie und ketzerischen Bewegungen bedienen" kann.[193]

Wie schon zu Zeiten von Papst Gelasius I. ging es der Kirche aber in erster Linie darum, ihre Unabhängigkeit zurückzugewinnen. Sie wollte nicht das profane politische Alltagsgeschäft übernehmen, sondern zurück zu einer Gewaltentrennung.

Ihr Selbstverständnis als eine Art rechtsstaatlicher Kontrollinstanz hatte allerdings zwei Seiten. Einerseits gab es unter den damaligen Umständen „einer oft an Anarchie grenzenden und äußerst gewalttätigen Feudalgesellschaft"[194] keine andere Instanz, die sich effektiv gegen weltliche Gewalt und Willkür einsetzen konnte und dies auch tat. Andererseits öffnet die Kirche mit dieser Einmischung in irdische Angelegenheiten eine Tür, die sie von christlichen Wertvorstellungen wegführt, in gesellschaftspolitischen Kategorien denken lässt und korrumpierbar macht.

Wie verzwickt die Lage ist, zeigt die Auseinandersetzung zwischen Papst Gregor VII. und Heinrich IV. (* 1050; † 1106). Ursprünglich wollte der Papst in Kirchenfragen einfach wieder ohne staatliche Bevormundung handeln können. Heinrich IV. sperrt sich dagegen, weshalb der Papst die Zweischwerterlehre formuliert, wonach die königliche und kirchliche Gewalt auf Petrus zurückgingen. Begründen kann er dies nur, indem er eine Stelle des Neuen Testaments in sein Gegenteil uminterpretiert. „Da Jesus den Petrus anweist, sein Schwert – das Schwert der weltlichen Macht – nicht zu benutzen und in die Scheide zu stecken, gehöre es ja, trotz Nichtbenutzung, offenbar tatsächlich dem Petrus und damit auch seinen Nachfolgern, den römischen Bischöfen."[195]

Bewusst verzichtet er auf die darauf folgende Textstelle: „… denn alle, die zum Schwert greifen, werden durch das Schwert umkommen" (Mt 26, 52). Daraus wäre noch deutlicher geworden, dass „die Kirche zu ihrer Verteidigung, wie ihr Gründer selbst, gänzlich auf die Anwendung weltlicher Zwangsmittel und aller Formen von Gewalt verzichten solle"[196].

Die Entsakralisierung weltlicher Herrschaft führt in der Folgezeit dazu, die entstehenden Staaten aus sich selbst heraus, „als Wirklichkeiten eigenen Rechts"[197], begründen zu wollen. So widerspricht beispielsweise der Rektor der Pariser Universität, Marsilius von Padua, Anfang des 14. Jahrhunderts der Idee der päpstlichen Suprematie über den Staat und begründet Regierungsgewalt letzlich mit dem Willen des Volkes. Mit der Laisierung der Herrscherhäuser beginnt ein Bewusstseinsprozess, der die Emanzipation des modernen säkularen Staates mit anstößt.

Noch ist es allerdings nicht so weit. Staat und Kirche sind aufs Engste miteinander verknüpft. Weiterhin beanspruchen die weltlichen Autoritäten auch kirchliche Kompetenzen. Als etwa Papst Alexander VI. (* 1431; † 1503) auf Drängen Spaniens die neue Welt in zwei Gebiete teilt, erhält Portugal das kirchliche Patronat über Brasilien und Spanien das über die mittelamerikanischen Gebiete. „Damit hatten die Kolonialmächte sämtliche kirchlichen Rechte in ihrer Hand; vor allem die wertvolle Stellenbesetzung und die Errichtung der kirchlichen Organisation, also der Bistümer und Pfarreien."[198]

Die Reformation und die darauf folgenden Konfessionskriege verschieben die Macht erneut zugunsten der weltlichen Herrscherhäuser. Die Skepsis gegenüber der friedenstiftenden Rolle der Religion legt es nahe, über rein politische Lösungen für einen Frieden nachzudenken. Dabei geht es noch nicht um moderne Freiheitsrechte oder darum, souveräne Gewalten an sich in Frage zu stellen. Stattdessen denkt man im Sinne von Thomas Hobbes' (* 1588; † 1679) Leviathan eher an die heilsstiftende Rolle eines staatlichen Souverän. Dies gipfelt im Absolutismus des 17. und 18. Jahrhunderts, der – nicht im Sinne von Hobbes – den König auch religiös wieder aufwertet. Der absolutistische Herrscher ist allein gegenüber Gott rechenschaftspflichtig.

Im so genannten Gallikanismus nehmen die französischen Könige eine Tradition wieder auf, die bereits auf die Merowinger- und Karolingerzeit zurückgeht, die die Landeskirche an die Krone bindet und den Einfluss der römischen Päpste begrenzt. 1682 bestimmt Ludwig XIV. (* 1638; † 1715): „Die Könige und Fürsten sind also nach göttlicher Anordnung in weltlichen Dingen keiner kirchlichen Gewalt unterworfen …"[199] Päpstliche Entscheidungen in Glaubensfragen sind nur wirksam, wenn ihnen die französische Kirche ebenfalls zustimmt, deren Ämter nicht von Rom, sondern durch den König selbst besetzt werden.

Auch die Papstwahl beeinflussen die katholischen Mächte mit dem Ausschließungsrecht von Kandidaten, die ihnen nicht gefallen.[200] Nach dem Prinzip *Cuius regio eius religio* ist die Religion eine Angelegenheit der Landesherren. Es gibt gewissermaßen einen „Rückfall in eine römisch-imperiale Mentalität, die ja Religion als Garantin für Stabilität und

Wohlergehen des Staates und der gesellschaftlichen Ordnung betrachte-
te. Das System hat mit seiner Tendenz zum Staatskirchentum auch Züge
der frühmittelalterlichen Reichskirchenordnung."[201]

Mit der Aufklärung beginnt ein Umdenken, das in den folgenden zwei
Jahrhunderten zur Trennung von Kirche und Staat führen wird. Zum
ersten Mal in der Geschichte entsteht so etwas wie ein weltanschaulich
neutraler Staat, der die freie Religionsausübung garantiert. Erst mit dem
Zweiten Vatikanischen Konzil vertritt auch die Kirche wieder die Position, dass Religionsfreiheit nicht ihrem Wahrheitsanspruch widerspricht,
sondern gerade eine Voraussetzung für die Suche nach Wahrheit darstellt. Damit scheint sich der Wunsch der frühen Christen nach Freiheit
sowie eine Ordnung im Sinne des Neuen Testaments erfüllt zu haben.

Der Kantsche Satz „Habe Mut, dich deines eigenen Verstandes zu bedienen" beschreibt, worauf es den Aufklärern vor allem ankommt. Viele von ihnen sind Deisten, Vertreter einer Vernunftreligion, die an ein
höchstes Wesen und an moralische Maximen, nicht aber an Wunder
oder die Wirksamkeit von Gebeten, glauben. Wenn sich Gott aus unserem irdischen Leben heraushält, reduziert sich Religion immer mehr
auf ihren sozialen Nutzen. Der aufgeklärte Absolutismus blickt deshalb
skeptisch auf das rein kontemplative Klosterleben. Unter Joseph II.
(* 1741; † 1790) kommt es in Österreich bereits im Jahr 1782 zur Auf-
hebung etwa eines Drittels aller Klöster.[202]

Die römische Kirche hatte keinen Grund, dem aufgeklärten Absolutismus gegenüber besonders dankbar zu sein. Und trotzdem versperrte sie
sich den modernen Rufen nach Freiheitsrechten und Volkssouveränität.
Dabei spielte es sicherlich eine Rolle, dass sie immer noch weitgehend
aristokratisch geprägt war. Der französische Episkopat bestand beispielsweise nur aus Adligen. Und der Papst selbst war weltlicher Souverän des
Kirchenstaats. Die Angriffe auf den Kirchenstaat – mehrfache Annexion

durch Napoleon (1799 stirbt Papst Pius VI. in französischer Gefangenschaft) bis hin zu seiner Auflösung in Folge der nationalen Einigung Italiens im Jahr 1870 – verstanden die Päpste des 19. Jahrhunderts als Ausdruck eines liberalen, die religiöse Wahrheit verneinenden Säkularismus.

Die Französische Revolution stand anfänglich gar nicht in so starkem Gegensatz zur christlichen Religion. Über 50 Prozent des Pfarrklerus' „leistete den Eid auf die Zivilverfassung"[203]. Eine Zusammenarbeit mit den Revolutionären war aber mit der Vorstellung verbunden, die Kirche demokratisch umzuformen und dem Staat einzuverleiben. Ebenso wenig wie im Absolutismus wäre hier Platz für eine Trennung und Unabhängigkeit der Kirche vom Staat gewesen.[204]

Der Kirche musste die Idee der Volkssouveränität verdächtig vorkommen. Recht und Gerechtigkeit fänden ihren Ursprung in der göttlichen Schöpfungsordnung und dem daraus ableitbaren Naturrecht und nicht im Menschen als letzter und einziger moralischer Instanz. Wenn der liberale Laizismus Gewissensfreiheit immer wieder mit der Nichtexistenz religiöser Wahrheit begründete, musste dies der Kirche als ein Widerspruch in sich erscheinen.[205] Aus ihrer Sicht lassen sich die Begriffe von Freiheit und Gleichheit nicht aus dem Sinnzusammenhang der Offenbarung reißen.

Insgesamt lässt die Forderung von Menschenrechten die Aufklärer toleranter erscheinen, als sie es in Wirklichkeit waren. „Rottet sie aus, die infame Kirche", sagt Voltaire. Jean-Jacques Rousseau (* 1712; † 1778) fordert die Todesstrafe für all jene, die den bürgerlichen Überzeugungen nicht nachkommen.[206] 1792 werden in Frankreich die Orden aufgehoben, Klöster enteignet und zerstört. Dies geht einher „mit einer Kirchenverfolgung, wie sie in dieser Radikalität erst wieder einzelne totalitäre Staaten des 20. Jahrhunderts praktiziert haben (Massenhinrichtungen von Priestern und Nonnen in der Zeit der ‚Schreckensherrschaft')"[207].

Ihr fallen etwa 50.000 Menschen zum Opfer. Aus Sicht des Philosophen Hermann Lübbe ist die Idee der „Reinigung" einer Gesellschaft eine neue, vom Geist der Aufklärung beseelte Art, Mord und Terror zu legitimieren. Sie wird zur Grundlage „moderner Massentötungen"[208].

Es ist ein konfliktreicher Weg, der im 20. Jahrhundert schließlich zu unterschiedlichen Modellen staatskirchlichen Zusammenlebens führt. Das laizistische französische Modell schließt die Kirche völlig aus dem öffentlichen Leben aus. Dagegen beruht das deutsche Modell auf partnerschaftlichen Regelungen mit Kirchensteuer, Religionsunterricht und christlichen Feiertagen. Polen wiederum formuliert in seiner Verfassung eine bevorzugte Stellung des katholischen Glaubens. Im englisch-anglikanischen Modell verbindet sich das Amt des Staats- und Kirchenoberhaupts in einer Person.

Schlussfolgerung

Das historische Verhältnis von Christentum und Politik erklärt sich nicht aus einem religiösen Anspruch auf politische Verantwortung. Denn weder ist Jesus ein politischer Führer noch fordert das Neue Testament die Vereinnahmung dessen, was des Kaisers ist.

Die Verstrickung mit weltlichen Angelegenheiten kam vor allem aus zwei Gründen zustande: Erstens wurde sie dem Christentum durch die vorchristliche Tradition des Gottkaisertums von Seiten der weltlichen Herrscher aufgezwungen. Zweitens waren lange Zeit die kirchlichen Verwaltungs-, Rechts- und Bildungsstrukturen den weltlichen so weit voraus, dass man auf sie einfach nicht verzichten konnte. Für den Wiederaufbau und die Entwicklung Europas nach den Unruhen der Völkerwanderung sind sie ungemein wichtig. Bischöfe erbauen Städte, Mönche erschließen neue Regionen. Der frühmittelalterliche Abt wird als „Agrarfachmann und Ingenieur"[209] hoch geschätzt. Bis tief hinein in die

Neuzeit ist die Wissenschaft ein von Geistlichen dominiertes Feld. Es liegt nahe, die klügsten Köpfe der Zeit in die Politik mit einzubinden. Und die Politik profitiert davon.

Nehmen wir als Beispiel die Entwicklung der Rechtsprechung. Der Einfluss christlicher Wertvorstellungen verändert bereits im frühen Mittelalter das germanische Volksrecht, indem es „die Stellung der Frauen und Sklaven und den Schutz der Armen und Hilflosen"[210] verbessert. Im ersten Jahrtausend bedeutet Recht für die Kirche so viel wie göttliches Recht. Recht und Gerechtigkeit, Rechtsprechung und Moral sollen deckungsgleich sein und sich aus den Texten der Offenbarung ableiten.[211]

Die päpstliche Revolution des Hochmittelalters gibt der Rechtsentwicklung einen weiteren Schub, denn mit der Forderung nach moralischer Oberhoheit auch über die weltlichen Dinge verbindet sich die Vorstellung der Kirche, für die Formulierung aller Rechtsbereiche verantwortlich zu sein.

Entscheidend wird die Weiterentwicklung des Naturrechts. Ausgehend von einer rationalen Schöpfungsordnung, leitet sich Recht aus Vernunftkriterien ab. Das alte Gewohnheitsrecht muss nun einer zweifachen Prüfung standhalten: christlichen Wertvorstellungen sowie Vernunftregeln. Und wenn der christliche Glaube Aspekte des griechischen Naturrechts sinnvoll weiterentwickelt, so dient wiederum das Vernunftrecht dazu, die Sinnhaftigkeit religiöser Wertvorstellungen zu überprüfen.

„In der Geschichte des europäischen Mittelalters wurde die Kirche mit dieser Rechtserfahrung zur Lehrmeisterin des weltlichen Rechts. Was immer sich dort an Neuem ausbilden sollte, war in der Rechtsgestalt der Kirche vorgedacht und erprobt worden. Wenn die Kirche für ihr Recht den Vorrang vor dem weltlichen beanspruchte, so war dieses bis zum Ende des Mittelalters nicht nur theologisch-kirchenrechtlich zu begründen. Es war politisch gerechtfertigt durch die unübersehbare Tatsache, dass alle weltliche Regierung bei der Kirche in die Lehre gehen musste, ehe sie auf eigenen Beinen zu stehen lernte."[212]

Auch das römische Recht wurde von der Kirche fortgeführt und floss in das kanonische Recht mit hinein. Die Verstrickung in weltliches Straf- und Prozessrecht beeinflusste die Kirche dahingehend, politische Fragestellungen auf die Religion zu übertragen. Ein Beispiel ist die Todesstrafe auf Majestätsbeleidigung, eine Selbstverständlichkeit des mittelalterlichen Strafrechts. Aus damaliger Sicht musste Gottesfrevel als ein weit schlimmeres Verbrechen erscheinen, weshalb auch dafür die Todesstrafe eingeführt wurde. Das Einzige, das dieser Logik hätte widersprechen müssen, sind christliche Wertvorstellungen. Sie traten aber unter dem Einfluss des weltlichen Rechts und seiner scheinbaren Logik in den Hintergrund. Es sind also die Maßstäbe weltlicher Rechtsprechung, die das harte Strafmaß auch in kirchlichen Angelegenheiten verursachten.

Der Einfluss des christlichen Glaubens auf die Rechtsprechung wird nicht dort sichtbar, wo Kirchenvertreter sich an der im römischen Strafrecht üblichen Folter und Todesstrafe orientieren, sondern dort, wo sie das Naturrecht weiterentwickeln, indem sie es mit den christlichen Begriffen von Gewissen, Gnade, Liebe und Verantwortung verbinden.

Es wäre einseitig und falsch, die kirchenpolitische Vergangenheit auf Ketzerprozesse oder antidemokratische Blockadehaltungen reduzieren zu wollen. Die Kirche erwies sich vielmehr als eine Art vorrechtsstaatliche Kontrollinstanz gegen die weltliche Macht. Sie forderte moralische Oberhoheit, vor allem, um ihre Unabhängigkeit zu bewahren.

Phasenweise verfügt sie über eine Macht, die sie als weltliche Autorität handeln lässt. Aus dieser Position heraus kommt es vor, dass sie Lehrautorität und Wahrheitsanspruch über die Freiheit des Menschen stellt, und zwar entgegen allen christlichen Wertvorstellungen.

Deshalb sind diese Beispiele auch nicht dazu geeignet, grundsätzlich gegen den christlichen Glauben oder die positive Geschichte des Christentums zu argumentieren. Sie sind vielmehr eine Warnung vor uneingeschränkter Souveränität, egal, wer über sie verfügt – ein Monarch, die Kirche oder eine demokratische Mehrheit.

Die Schreckensherrschaft der Französischen Revolution oder die demokratisch legitimierte Machtergreifung Hitlers zeigen, dass auch Demokratien ihre eigene Souveränität mit Skepsis betrachten und mithilfe rechtsstaatlicher Gewaltenteilung begrenzen sollten.

Es wäre ein Fehler und außerdem absolut undemokratisch, die Kirche aus dem gesellschaftlichen Meinungsbildungsprozess ausschließen zu wollen. Wer wäre besser geeignet, der Gesellschaft aus einer objektiven Distanz heraus den Spiegel vorzuhalten? Einer Gesellschaft, in der Freiheit vor Wahrheit kommen muss, letztere aber schon allein deshalb unseren Respekt verdient, weil es christliche Überzeugungen sind, auf denen unsere rechtsstaatlichen Verfassungen beruhen. Wenn wir diese negieren, berauben wir uns unserer eigenen Voraussetzungen.

Antijudaismus und Antisemitismus

Das Neue Testament beschreibt, wie der Hohe Rat der Juden von Jerusalem Pilatus die Verurteilung und Kreuzigung Christi abringt (Lk 23, 1–5). Diese Erinnerung hielt die Kirche immer wach, sei es in Passionsspielen oder in der Osterliturgie. Bis tief ins 20. Jahrhundert hinein ist unter unreflektierten Christen eine antijüdische Stimmung verbreitet, die noch 2000 Jahre nach Christi Tod Juden in eine Art Schuldhaftung für die Kreuzigung nehmen will.

Ist also das Neue Testament dafür verantwortlich, dass es im Laufe der Geschichte zu so vielen Greueltaten an Juden bis hin zum Holocaust kommen konnte?

Das Neue Testament enthält keine Aufforderung, Rache an Juden oder Römern zu nehmen. Im Gegenteil: Jesus bleibt bis zum Tod seiner Linie treu. Noch am Kreuz betet er: „Vater, vergib ihnen, denn sie wissen nicht, was sie tun" (Lk 23,34). Und Petrus spricht die Israeliten auf dem Tempelplatz als Brüder an, begründet ihr Handeln mit ihrer Unwissenheit (Apg 3,17). Nirgends steht etwas davon, Juden als Menschen zweiter Klasse zu behandeln, geschweige denn, sie zu töten.

Konsequenterweise sieht die Kirche im Tod Jesu ein Symbol für die Schuld aller Menschen. Im frühen Mittelalter erhält das Judentum den Status einer „erlaubten Religion" mit freier Religionsausübung und weitgehender bürgerlicher Gleichstellung. Die Zwangstaufe von Juden ist untersagt. Dies gilt auch für die Zeit der Karolinger bis hin zu den Saliern. Als Händler sind Juden hoch geachtet. Vor Gericht haben sie das gleiche Recht wie Christen. Die Androhung hoher Strafzahlungen schützt sie vor Mordanschlägen. Seit dem 11. Jahrhundert erlassen die Päpste so genannte „Sicut-Judaeis-Bullen" zum Schutz der Juden. All diese Bestimmungen fließen in die Dekretensammlung des berühmten

Kanonikers Gratian († um 1150) und werden dadurch zu allgemeinem Kirchenrecht.[213]

Aus dieser Haltung der Kirche gegenüber den Juden folgert der Historiker Shlomo Simonsohn: „Es ist wohl fair zu konstatieren, dass – hätte der Apostolische Stuhl im Mittelalter seinen Weg nehmen können – die jüdische Präsenz in den meisten westeuropäischen Ländern überdauert hätte.“[214]

Wie erklären sich dann aber die im Hochmittelalter beginnenden Pogrome?

Jüdische und christliche Gemeinden grenzen sich voneinander ab, und zwar mit beiderseitigem Einverständnis. Sexuelle Beziehungen zu Andersgläubigen gelten als höchst problematisch und führen immer wieder zu Gewaltausbrüchen und „Ehrenmorden“. Die Abgrenzung erleichtert Verschwörungstheorien und abstruse Schuldzuweisungen.

Im Hochmittelalter beginnen Pogrome wegen angeblicher Ritualmorde, Hostienfrevel oder Brunnenvergiftung. Verbrechen des Vulgärkatholizismus, die in Südeuropa kaum vorkommen, dafür aber zum Beispiel in Deutschland, wo es nur wenige studierte Geistliche gibt. Verbrechen, die die Päpste zu verhindern suchen, allerdings ohne großen Erfolg. So klagt Papst Innozenz IV.: „Bösartigerweise macht man ihnen den Leichnam eines toten Menschen, der irgendwo gefunden wird, zum Vorwurf; wegen solcher und anderer Erfindungen erregt man sich über die Juden, beraubt sie ihrer Güter, ohne Anklage, ohne Geständnis, gegen Gottes Gerechtigkeit … und zwingt sie, ihre Wohnsitze, die sie und ihre Vorfahren seit unvordenklichen Zeiten bewohnen, elendiglich zu verlassen.“[215]

Ähnlich verhält es sich mit dem Pogrom an Juden in Mainz, Worms und Köln infolge des ersten Kreuzzugs 1096. Die Kreuzzügler fordern Zwangstaufe oder Tod – etwas, das die römische Kirche immer abgelehnt hatte. Einige mutige Bischöfe versuchen, den Mob aufzuhalten. Trotzdem sterben etwa 2.500 Juden, viele durch Selbsttötung, denn den Tod nehmen sie eher in Kauf als die Scheintaufe. Bis auf einzelne Ausnahmen gelingt es dem Papsttum immerhin, die antijüdischen Gewaltausbrüche der nachfolgenden Kreuzzüge stark einzudämmen.[216]

Eines der stärksten Motive für die Ermordung von Juden ist ihr Geld. Weder Christen noch Juden war es erlaubt, in ihren eigenen Kreisen einen Zins zu erheben, bei Fremden aber schon. Im Hochmittelalter entwickeln die Herrscher die Idee der jüdischen Schuldknechtschaft. Dabei beanspruchen sie das Recht, als Gegenleistung für ihren Schutz auf jüdisches Vermögen zuzugreifen. Eine attraktive Vorlage für soziale Neider. In den Jahren 1348/50 kommt es in Straßburg, Erfurt und einigen anderen Orten zu Pogromen, die einen finanziellen Hintergrund zu haben scheinen. Wieder versucht die römische Kirche einzuschreiten. Sie droht mit Exkommunikation und gibt erneut Schutzbullen heraus, jedoch erfolglos.[217]

Im 13. Jahrhundert verschlechtert sich das Verhältnis zwischen Kirche und jüdischen Gemeinden. Voraus geht ein innerjüdischer Streit zwischen Rabbinern und Philosophen. Letztere – der Bekannteste unter ihnen Moses Maimonides (* 1135–38; † 1204) – wollen Bibelstellen mithilfe von Vernunftkriterien überprüfen und stoßen damit auf große Empörung. Konservative Rabbiner wenden sich an die Inquisition und verlangen die Bestrafung der jüdischen Abweichler. Sie schaffen damit einen Präzedenzfall, der es der Inquisition erlaubt, ihren Einfluss über kircheninterne Angelegenheiten hinaus auszuweiten.[218]

Der Streit bewegt einige Anhänger des Maimonides dazu, zum Christentum überzutreten, darunter den Konvertiten Nikolaus Donin, der nun wiederum das Papsttum darauf aufmerksam macht, dass unter Juden antichristliche Literatur verbreitet sei. So enthalte der Talmud „Schmähungen über den im Kot der Hölle schmorenden Jesus, über Maria als unreine Ehebrecherin und Hure, Schmähungen auch über Papst und Kirche …"[219] In Frankreich führt dies zur Verbrennung entsprechender Schriften.

Bis ins 20. Jahrhundert hinein zieht der Talmud-Streit seine Spuren und schürt Aversionen gegen Juden. So schimpft beispielsweise Luther: „Mitten in der Christenheit … werden der Messias, seine Mutter, ja Gott selbst gelästert … Wo dies geschieht, kann nur der Teufel selbst am Werke sein."[220] An anderer Stelle fordert er sogar, dass „die Synagogen verbrannt, die jüdischen Häuser zerstört und ihre Bücher konfisziert werden sollten"[221].

Für einen der schlimmsten Pogrome an Juden ist die Spanische Inquisition verantwortlich. Etwa 4.000 bis 5.000 der geschätzt insgesamt 6.000 Opfer fallen in die Jahre 1480 bis 1530. Das Erstaunliche: Es handelt sich fast ausschließlich um zum Christentum konvertierte Juden, die sogenannten Conversos.[222] Erneut steht am Anfang eine Auseinandersetzung um den Talmud und einige Bibelstellen. Diesmal geht es aber nicht um christenfeindliche Inhalte, sondern im Gegenteil um solche, die darauf hinweisen, dass Jesus tatsächlich der Messias sein könnte. Einer der Ersten, die darauf aufmerksam machen, ist der Konvertit Pablo Christiani († um 1274). Als Reaktion auf die nun folgenden Disputationen konvertieren Tausende von Juden freiwillig zum Christentum. „Sie stiegen auf in weltliche und geistliche Ämter, auch auf Bischofsstühle wie sogar auf die Richterstühle der Inquisition. Da viele ihre gewohnten Amts-, Wirtschafts- und Geldgeschäfte erfolgreicher noch als zuvor fortführten, erregten sie einen vulgären Judenhass, der sich 1449 zu Toledo in einem Aufstand entlud, begründet mit der nur äußerlichen Christenheit der Conversos, tatsächlich aber hervorgerufen durch Sozialneid."[223]

Was nun passiert, ist verwirrend und schwer zu deuten. Im Jahr 1492 beschließt das spanische Königshaus, dass sich alle Juden entweder taufen lassen oder das Land verlassen müssen. Gleichzeitig wendet sich die Inquisition gegen Conversos, die beschuldigt werden, noch heimlich dem jüdischen Glauben anzuhängen. Hinter der Politik des spanischen Königshauses steht primär die Staatsraison. Ihre Maßnahmen sind ein Versuch, durch klare Verhältnisse „vor allem die führenden Conversos (am Hof) gegen Angriffe abzusichern", verbunden mit der „Vorstellung, dass nur eine einheitliche Religion die innenpolitische Einheit festigen und die Kontrolle des Königtums über die Bevölkerung gewährleisten" kann. „Spanien wurde damit das erste Land, das den später allgemein in Europa befolgten Satz ‚Wessen Herrschaft – dessen Religion' voll durchsetzte."[224]

Es spielen aber auch Motive mit hinein, die den Antisemitismus des 19. und 20. Jahrhunderts vorwegnehmen. Dazu gehört der Sozialneid und ein grundsätzliches Misstrauen gegen Menschen jüdischer Herkunft. Einige Institutionen und Orden fordern nun, die Vergabe von Ämtern davon abhängig zu machen, ob jemand „reinen Blutes" ist. Die Forderung nach Blutsreinheit ist beängstigend. Sie stößt vielerorts auf Widerstand. Nichts könnte christlichem Denken eigentlich ferner liegen. Schließlich ging man davon aus, dass alle Menschen von Adam und Eva abstammen. Und das Christentum definierte sich als eine Glaubens- und Geistesgemeinschaft. In diesem Sinne forderte Papst Nikolaus V. (* 1397; † 1455) die Bestrafung derer, die Konvertiten nicht als volle Christen anerkannten.[225] Das änderte aber nichts an einer weiter bestehenden, durch Sozialneid und Misstrauen vergifteten Atmosphäre.

Selbst die Aufklärung verabschiedet sich nicht von antijüdischen Einstellungen. Ihre Anhänger wenden sich gegen den christlichen wie den jüdischen Glauben, vor allem dort, wo es um Wundergläubigkeit, um alttestamentarische Rituale und Opfervorstellungen geht. Sie wollen den Glauben auf die Idee einer natürlichen Religion reduzieren und betonen die Freiheit des Menschen sowie sein Gewissen. Auch wenn sich hier eine Möglichkeit eröffnet, theologische Grenzen zu überwinden, bestehen doch unter vielen starke antijüdische Vorurteile fort. So unterstellt Voltaire Juden „vom Alten Testament her Menschenopfer und Kannibalismus, Hass und Grausamkeit gegenüber anderen Menschen, bewertete sie als ‚das letzte aller Völker‘"[226]. „Kant erachtete die Juden als minderwertig und des Bürgerrechts nicht würdig; sie hätten eine ‚bloß statuarische Religion‘ und wären eine ‚Nation von Betrügern‘. Fichte sah bei den Juden jedes edle Gefühl durch Ruchlosigkeit, Begierde und Faulheit erschlafft."[227]

Dennoch ist es die Aufklärung, die in ihrem Bestreben, aus allen gleichberechtigte Bürger zu machen, die Emanzipation und Gleichstellung der Juden bewirkt. Der Kirchenstaat des 19. Jahrhunderts bleibt mit seiner generellen Skepsis gegen die politische Erneuerung auch in diesem Punkt bewegungslos und rückständig, hält weiterhin an der Ghettoisierung von Juden fest und verweigert sich ihrer bürgerlichen Gleichstellung. Dagegen stößt die aufgeklärte Bürokratie in Deutschland den bildungsbürgerlichen Aufstieg von Juden an, beispielsweise durch die allgemeine Volksschulpflicht für Buben und Mädchen anstelle der bisherigen Talmud-Schule.

Dies führt im 19. Jahrhundert zu einer gesellschaftlichen Wandlung. „Im Kaiserreich bildeten – wie Thomas Nipperdey auflistet – die Juden 1 Prozent der Bevölkerung …, aber mehr als 60 Prozent gehörten dem Großbürgertum an, 25 Prozent dem Kleinbürgertum und 10 Prozent als Hausierer der Unterschicht; in Berlin waren 37 Prozent der Bankinhaber und -direktoren jüdisch, befanden sich 10 von 11 der größten Vermögen in jüdischer Hand; ein steuerpflichtiger Jude zahlte im Durchschnitt siebenmal mehr als ein Katholik, dreieinhalbmal mehr als ein Protestant. Überproportional war die Präsenz in Wissenschaft, Kultur und Bildung."[228]

Der nun aufkommende ökonomische Antisemitismus erinnert sehr an den Hass gegen die Conversos des 15. und 16. Jahrhunderts. „Schon Karl Marx (* 1881; † 1883), selber Sohn eines jüdischen Konvertiten, argwöhnte: ‚Welcher ist der weltliche Grund des Judentums? Das praktische Bedürfnis, der Eigennutz. Welches ist der weltliche Kultus des Juden? Der Schacher. Welches ist sein weltlicher Gott? Das Geld‘.“[229] Der ökonomische Antisemitismus des Linksextremismus, die Gleichsetzung von Judentum und Kapitalismus bis hin zur Behauptung weltpolitischer Verschwörungstheorien, lebt bis in die heutige Zeit fort.

Der Begriff „Antisemitismus“ taucht eigentlich erst in der zweiten Hälfte des 19. Jahrhunderts auf. Er bezeichnet eine Denkweise, die Juden bestimmte biologische Eigenschaften pauschal zuordnet, zum Beispiel moralische Minderwertigkeit, Arroganz oder Geldbesessenheit. Der Rassismus geht davon aus, dass ein Jude diese erdichteten genetischen Eigenschaften nicht loswerden kann, dass ein Staat darauf achten muss, dass sich die jüdische Rasse nicht mit der heimischen mischt, dass er schließlich, wie im Nationalsozialismus, dafür sorgen muss, die jüdische Rasse zu vertreiben oder zu vernichten.

Blicken wir noch einmal zurück, bevor wir nach der Rolle der protestantischen und katholischen Kirche im Dritten Reich fragen.

Jesu Aufforderung, nicht über andere zu urteilen, sondern stattdessen die eigenen Fehler zu bereuen, sein Gebot, dem Nächsten zu helfen und ihm zu vergeben, hätte dem Christentum Grund genug sein müssen, jeden Antijudaismus im Keim zu ersticken. Bis ins Hochmittelalter, aber auch noch danach, erweist sich das Papsttum als eine Schutzmacht, die dem Judentum freie Religionsausübung und rechtliche Sicherheit garantiert. Judenhass und Pogrome finden außerhalb der gängigen Rechtsprechung statt und sind in erster Linie ein Indiz dafür, dass es noch keinen Rechtsstaat gibt. Sie sind in der Regel entweder ein Phänomen des Vulgärkatholizismus oder eine Folge von Sozialneid, also Motiven ohne theologischen Hintergrund.

Vor allem in Folge der Bekanntwerdung antichristlicher Schmähtexte verschärft sich der Ton auch einiger Päpste. So schreibt Papst Gregor IX. (* 1167; † 1241) im Jahre 1234: „Die Juden müssten bis zum jüngsten Tag in politischer Knechtschaft verharren und in einem Zustand der Untertänigkeit und offenbaren Erniedrigung verbleiben, um dadurch ihre Schuld an der falschen Schriftauslegung, die in der Kreuzigung Christi reale Auswirkungen gezeigt habe, abzugelten."[230] Es entwickelt sich ein religiöser Antijudaismus, der von Seiten der Päpste allerdings nie zu einem „Tötet die Juden!" führt.[231]

Mit dem 18. Jahrhundert entwickeln sich verschiedene neue antijüdische Strömungen, die mit einer christlich-theologischen Argumentation wenig oder gar nichts zu tun haben. Der Antijudaismus der Aufklärung stellt die Juden als ein „in Ethos und Kultur zurückgebliebenes Volk"[232] dar. Der linke Antisemitismus sieht in ihnen den Inbegriff kapitalistischen Nutznießertums. Der rassistische Antisemitismus stempelt sie als biologisch unrein und minderwertig ab. Die Konservativen wiederum vermuten kommunistisch-nihilistische Machenschaften in Presse und Politik.

Angesichts des radikalen Antisemitismus des NS-Regimes mussten sich Gläubige nun die Frage stellen, welcher christlichen Tradition sie näherstehen: derjenigen, die auf Brüderlichkeit, Religionsfreiheit und Rechtsschutz Wert legte, oder derjenigen eines vorurteilsbeladenen Vulgärchristentums. Protestantismus und Katholizismus schlagen dabei recht unterschiedliche Wege ein.

Bereits im 19. Jahrhundert erfasst die Woge des Nationalismus protestantische Gesellschaftskreise sehr viel stärker als katholische, die aufgrund der Internationalität der römischen Kirche größere Distanz dazu wahren. Die Kriegseuphorie von 1914 erfasst alle Gesellschaftskreise, aber auch hier neigen Protestanten eher zu nationalen Durchhalteparolen als Katholiken, die, wie die Zentrumspartei und Papst Benedikt XV. (* 1854; † 1922), ab 1917 Friedensvorschläge unterbreiten.[233]

In der Enzyklika „Mit brennender Sorge" von 1937 heißt es: „Wer die Rasse, oder das Volk, oder den Staat, oder die Staatsform, die Träger der Staatsgewalt oder andere Grundwerte menschlicher Gemeinschaftsgestaltung … aus dieser irdischen Wertskala herauslöst, sie zur höchsten Norm aller, auch der religiösen Werte, macht und sie mit Götzenkult vergöttert, der verkehrt und fälscht die gottgeschaffene und gottbefohlene Ordnung der Dinge."[234] Dies ist ein Moment, in dem sich die so oft kritisierte Skepsis der Kirche gegenüber der Idee des Volkes und Staates als oberster moralischer Instanz bestätigt.

1943 wird von allen Kanzeln der „Zehn-Gebote-Hirtenbrief" der Deutschen Bischofskonferenz verlesen, in dem es unter anderem heißt: „Tötung ist in sich schlecht, auch wenn sie angeblich im Interesse des Gemeinwohls verübt würde: an schuld- und wehrlosen Geistesschwachen und -kranken, an unheilbar Siechen und tödlich Verletzten, an erblich Belasteten und lebensuntüchtigen Neugeborenen, an unschuldigen Geiseln und entwaffneten Kriegs- oder Strafgefangenen, an Menschen fremder Rassen und Abstammung."[235]

Obwohl die Zentrumspartei 1933 dem Ermächtigungsgesetz zustimmt, beteiligen sich später viele Parteiangehörige am Widerstand, etwa in der Gruppe um Carl Friedrich Goerdeler (* 1884; † 1945). Einzelne Bischöfe wie Konrad Preysing (* 1880; † 1950) und Clemens Galen (* 1878; † 1946) erweisen sich als äußerst klar und mutig. Andere, wie der Bischof von Assisi, helfen, Juden bei sich zu verbergen. Auch Papst Pius XII. (* 1876; † 1958) setzt sich für die Verfolgten ein. Es „fanden nicht weniger als 3000 Juden in der Sommerresidenz des Papstes in Castel Gandolfo Unterkunft; sechzig lebten neun Monate lang an der

Jesuiten-Universität Gregoriana, und ein halbes Dutzend schliefen im Keller des Päpstlichen Bibelinstituts."[236]

Anders verhält es sich mit dem Protestantismus. Vorbelastet durch Luthers Schrift „Von den Juden und ihren Lügen" (1543) und einer größeren Nähe zum Staat, fordert die deutsche evangelische Kirche 1939 „von ihren Gliedern treuen Dienst in dieser Ordnung und weist sie an, sich in das völkisch-politische Aufbauwerk des Führers mit voller Hingabe einzufügen … Im Bereich des völkischen Lebens ist eine ernste und verantwortungsbewusste Rassenpolitik zur Reinerhaltung unseres Volkes erforderlich."[237] Einige evangelische Landeskirchen gründen 1939 das „Institut zur Erforschung und Beseitigung des jüdischen Einflusses auf das deutsche Leben". „Wie Luther den Katholizismus, so müsse der Protestantismus nun das Judentum überwinden."[238]

Vor diesem Hintergrund wirken Ausnahmeerscheinungen wie Dietrich Bonhoeffer (* 1906; † 1945) oder Pastor Martin Niemöller (* 1892; † 1984) sowie die protestantischen Widerstandskämpfer um den Katholiken Claus Schenk Graf von Stauffenberg (* 1907; † 1944) umso beeindruckender.

Mit Blick auf die Weimarer Reichstagswahlen kommt der Politikwissenschaftler Jürgen W. Falter zu folgendem Schluss: „Hitler war vor allem in evangelischen Gebieten erfolgreich; Protestanten waren im Schnitt doppelt so anfällig gegenüber der NSDAP wie Katholiken … Hätte es dagegen nur Katholiken gegeben, wäre es wohl nie zu einer nationalsozialistischen Machtübernahme gekommen."[239] Auch für den Historiker Thomas Nipperdey ist die kritische Haltung der katholischen Kirche gegenüber dem Nationalsozialismus nicht hoch genug einzuschätzen, gerade im Vergleich mit dem protestantischen Mitläufertum.[240]

Im Anschluss an den Zweiten Weltkrieg wurde der Widerstand der Kirche zunächst positiv beurteilt. Dies änderte sich erst im Laufe der Zeit.

Hingewiesen wurde nun darauf, dass Papst Pius XII. zu sehr geschwiegen und die deutschen Bischöfe keinen gesammelten Protest zustande gebracht hätten; dass die Katholiken insgesamt ängstlich und stumm geblieben seien.

Auf der einen Seite sind diese Kritikpunkte sicherlich berechtigt. Auf der anderen Seite machen wir es uns in unserem rechtsstaatlichen Sessel vielleicht etwas zu gemütlich und vergessen, dass auch das Konkordat keinen effektiven Schutz gegen das NS-Regime bot. „Für die KZ-Einweisungen genügte es zum Beispiel, polnischen Zwangsarbeitern nach dem Gottesdienst Zigaretten zu geben, gegen die Kinderlandverschickung seelsorgliche Bedenken anzumelden oder im Religionsunterricht die Juden als Menschen wie Du und Ich zu bezeichnen. Vor allem in den katholischen Hochburgen West- und Süddeutschlands wurden ein Drittel und in einzelnen Diözesen noch mehr der Priester behelligt. Insgesamt bedeutete das für 417 Priester KZ-Haft, für 74 von ihnen den Tod.“[241]

Die Vermutung liegt nahe, dass antijüdische Ressentiments die katholische Kirche in ihrer Widerstandskraft zumindest teilweise lähmten. Aus meiner Sicht ist der religiöse Antijudaismus deshalb das peinlichste und negativste Kapitel des Christentums. Er nimmt einiges von dem vorweg, das wir später im Nationalsozialismus wiederfinden. Etwa die Verordnung von Judenghettos ab der zweiten Hälfte des 16. Jahrhunderts bis ins 19. Jahrhundert hinein, die Vernichtung jüdischer Schriften oder die Vertreibung jüdischer Gemeinden.[242]

Falsch wäre es allerdings, den Antijudaismus als ein im Neuen Testament verankertes Prinzip zu bezeichnen. Es handelt sich vielmehr um eine Pervertierung des Neuen Testaments, die sich deshalb auch in erster Linie im Bereich des Vulgärchristentums ansiedelte und auf einer Aneinanderreihung von Vorurteilen beruhte.

Vorurteil und christliches Denken trafen im Jahr 1847 aufeinander, als im preußischen Landtag über ein neues Judengesetz debattiert wurde. Otto von Bismarck (* 1815; † 1898) bezeichnete es als undenkbar, Juden könnten obrigkeitliche Ämter bekleiden und Christen müssten ihnen als Untergebene gehorchen. Fürst Lynar hielt dagegen, gerade ein christlicher Staat müsse vom Prinzip der Liebe und Versöhnung getragen werden. Gleiche Bürgerrechte seien deshalb unbedingt nötig.[243]

Dass es keinen notwendigen Zusammenhang zwischen christlichem Glauben und Antijudaismus gibt, zeigt auch das Beispiel der USA. Dort trafen die jüdischen Auswanderer nicht auf Ablehnung, obwohl oder eben gerade weil die Bevölkerung besonders christlich geprägt war. So heißt es in der Unabhängigkeitserklärung von 1776: „Alle Menschen sind als gleich erschaffen, und allen hat der Schöpfer bestimmte unveräußerliche Rechte verliehen …"[244]

Aus dem Neuen Testament ergeben sich Denk- und Handlungsmaßstäbe, die für Religionsfreiheit, Rechtsschutz und Nächstenliebe sprechen und ihre Umsetzung beispielsweise im mittelalterlichen Kirchenrecht bis hin zu unseren heutigen Verfassungen finden. Diese christliche Tradition blieb auch im Dritten Reich nicht ohne Wirkung und machte das katholische Sozialmilieu insgesamt resistenter gegen menschenverachtende Handlungen als andere.

Warum wir von einer christlichen Gesellschaft profitieren

Im September 1937 schrieb Thomas Mann: „‚Über die Höhe und sittliche Kultur des Christentums‘, sagte Goethe zu Eckermann, ‚wie es in den Evangelien schimmert und leuchtet, wird der menschliche Geist nicht hinauskommen.‘ Und heute glauben ein paar pseudorevolutionäre Popular-Literaten in ihrer angeregten Halbbildung, damit fertig zu sein. Ein besonders unzeitiger Dünkel, wahrhaftig! Denn das Christentum … war als sittliches Zuchtmittel nie einer Zeit und Menschheit notwendiger als dieser gegenwärtigen, für deren Verwirrung und Verwilderung diejenigen, die sich anmaßen, das Christentum zu überwinden, das abstoßendste Beispiel bilden. Wo es sich um Wertverteidigung, um die Bewahrung eines allgemeingültigen humanen Maßes handelt, wird auf der kulturellen Christlichkeit abendländischen Menschentums mit aller Freiheit und Festigkeit bestanden werden müssen.“[245]

Die Menschenwürde, als ein für alle gleichermaßen geltender, unantastbarer Wert, hat ihre Begründung im christlichen Glauben. Ihre Verankerung in unserer Verfassung bietet aber keine Ewigkeitsgarantie. Wie schnell sie für null und nichtig erklärt werden kann, zeigen der Holocaust, der Archipel Gulag oder die maoistische Kulturrevolution.

Unsere heutigen Gesellschaften leben „von privaten, sozialen und staatsbürgerlichen Tugenden, die – laut zahlreicher Umfragen – gerade in den am meisten säkularisierten Schichten der Bevölkerung immer seltener werden, bei kirchlich engagierten Bürgern dagegen immer noch relativ häufig vorhanden sind“[246].

Kirchennahe Christen zeigen demnach eine höhere Sensibilität für den Begriff der Menschenwürde als kirchenferne, es liegt ihnen beispielsweise mehr am „Schutz des Lebendigen“. „Eine Gesellschaft ohne Gott würde die Kostbarkeit des menschlichen Lebens, allen verfügbaren Indizien nach, weniger schätzen und liefe Gefahr, eine ‚Kultur des Todes‘ zu entwickeln.“[247]

Christen tragen außerdem mehr zum Gemeinwohl und der Wirtschaftskraft eines Landes bei als religionsferne Schichten. Werte wie „gute, vielseitige Bildung“, „soziale Gerechtigkeit“, „Verantwortung für andere übernehmen“ werden von „religiösen jungen Deutschen viel häufiger für ‚wichtig im Leben‘ gehalten als von nicht religiösen“[248]. Je stärker die Bindung an den christlichen Glauben, desto seltener begehen Jugendliche „Ladendiebstähle bzw. Sachbeschädigungen und umso seltener gehören sie zu den häufigen Alkoholkonsumenten“[249]. Mitglieder von Kirchen und Synagogen spenden häufiger und engagieren sich stärker in ehrenamtlichen Tätigkeiten. „Je häufiger die Befragten Gottesdienste besuchen oder je mehr Wichtigkeit sie ‚Gott in ihrem Leben‘ zusprechen, desto positiver stehen sie auch sozialem Engagement gegenüber.“[250]

Der Wirtschafts-Nobelpreisträger Friedrich von Hayek (* 1899; † 1992) sprach bereits in den Siebzigerjahren des vergangenen Jahrhunderts davon, „dass der Glaube an Gott die Menschen zu ökonomisch vernünftigem Verhalten anhalte, zum Beispiel zu Ehrlichkeit, Vertragstreue, Respekt vor dem Eigentum und der Familie“[251]. Jeder Atheist, der ein Interesse an einer stabilen, gesunden, solidarischen Gesellschaft hat und nicht radikalen Weltverbesserungsideologien nachläuft, sollte demnach darauf hoffen, „dass noch möglichst lange möglichst viele Christen … zugunsten aller moralisch leben, erfolgreich wirtschaften und sich sozial engagieren“[252].

Christliche Tugenden wie Anstand, Fairness, Bescheidenheit, Leistungsbewusstsein und Verantwortung sind außerdem eine Voraussetzung für den Grad an Freiheit, den sich eine Gesellschaft leisten kann. Je mehr sich eine Gemeinschaft von sich aus der Bedürfnisse ihrer Mitmenschen annimmt, desto weniger muss sie Aufgaben an den Staat abtreten. Je christlicher eine Gesellschaft ist, desto weniger benötigt sie einen überdimensionalen sozial-bürokratischen Kontrollapparat. Einer der größten Irrtümer liberaler Parteien besteht deshalb darin, zu verkennen, wie sehr der mögliche Grad an Freiheit und Eigenverantwortung in einer Gesellschaft von ihrem christlichen Potenzial abhängt.

Wie sähe unsere Gesellschaft aus ohne die Heiligen, die der christliche Glaube hervorgebracht hat? Was schulden wir einem Philipp Neri (* 1515; † 1595), der die Kongregation der Oratorianer gründete? Die Gebetsgemeinschaft aus Priestern und männlichen Laien regt sich gegenseitig dazu an, Gutes zu tun. Neris Arbeit konzentrierte sich vor allem auf die Armen, Kranken und Pilger in Rom. „Man nannte ihn mit einer verblüffenden Vertraulichkeit ‚den guten Pippo‘, aber man stand auch unter der unwiderstehlichen Notwendigkeit, in seiner Nähe gut zu sein."[253] Nebenbei inspirierte er seinen Beichtsohn, den Komponisten Giovanni Pierluigi da Palestrina (* 1514/15; † 1594), dazu, die Kongregation musikalisch zu unterstützen, woraus sich die Musikform des Oratoriums entwickelte.

Wie viel verdanken wir einem Ignatius von Loyola (* 1491; † 1556), dem Gründer des Jesuitenordens, der sich die Förderung christlich-humanistischer Bildung zur Aufgabe gemacht hat? Loyolas Jesuiten trugen in der Gegenreformation entscheidend zur Wiederkehr einer katholischen Frömmigkeit und zum Aufblühen der Barockkultur bei.

Wo wären wir ohne einen Franz von Sales (* 1567; † 1622), dem großen Lebensoptimisten, dem einfühlsamen Seelsorger und Schriftsteller? Auf ihn geht der Orden der Visitantinnen zurück, die sich um die Pflege von Armen und Kranken bemühen. Sein Vorbild inspirierte noch viele nach ihm, etwa Giovanni Bosco, der im 19. Jahrhundert den Orden der Salesianer sowie den der Don-Bosco-Schwestern gründete. Bosco kümmerte sich um hilfsbedürftige Jugendliche, versuchte, sie von der Straße wegzuholen, sie sinnvoll zu beschäftigen, ihnen Unterkunft und Essen zu besorgen. „Heute betreiben die Salesianer als Oratorien bezeichnete Jugendheime, Waisenhäuser und Wohnheime, Lehrwerkstätten und berufsbildende Schulen, Gymnasien für Spätberufene, Fachhochschulen für Sozialpädagogik, Behindertenschulen, Begegnungsstätten und freie Jugendarbeit. Sie übernehmen jedoch auch Pfarreien und stellen zahlreiche Bischöfe. Außer in Europa sind sie in Südamerika stark vertreten und unterhalten Missionen im Nahen und Fernen Osten, in Indien und besonders in Afrika."[254]

Und wie viel verdanken wir einem Vinzenz von Paul (* 1581; † 1660), der den Dienst an Hilfsbedürftigen, Waisen, Geisteskranken und Sträflingen zu seinem zentralen Lebensinhalt machte? Er gründete den Orden der Lazaristen und den der Vinzentinerinnen, Vorbild etwa für die „Missionarinnen der Nächstenliebe" Mutter Teresas. Heute sind die Vinzentinerinnen der mitgliederreichste Frauenorden der Welt.

Infolge der Reformation, des aufgeklärten Absolutismus und der Französischen Revolution musste die Kloster- und Ordenskultur, der wir so viel verdanken, viele Schläge einstecken, von denen sie sich nur teilweise erholen konnte. 1789 werden in Frankreich erst Kirchengüter enteignet und anschließend Orden und Klöster aufgelöst. In Deutschland erfolgt die Säkularisation 1803, in Spanien 1809 und in Italien 1811. „Immer wieder kam es durch die Säkularisation auch zu Vandalismus und Zerstörungen. Die wertvollsten Kunst- und Kulturgüter aus Klosterbesitz – Gemälde, Handschriftensammlungen, historisch bedeutende Quellenbestände – sicherte sich meist der Staat."[255]

Teilweise wird die Säkularisation wieder rückgängig gemacht, weil einige Länder merken, wie sehr sie von den Klöstern profitiert hatten, beispielsweise bei der schulischen Ausbildung. Insgesamt bleibt es aber bei einer

Entwicklung, die gerne von dem sozialen Engagement der Kirche profitiert, mit Gebet und kontemplativer Zurückgezogenheit dagegen nicht mehr viel anfangen kann.

Nichtsdestotrotz gibt es auch heute noch sehr lebendige kontemplative Orden. So zum Beispiel die Trappisten. Sie gehen auf eine Reform des Zisterzienserklosters von La Trappe im 17. Jahrhundert zurück. Gerade wegen ihrer Strenge und Klarheit ziehen sie noch heute so viele Mönche an, dass sie mittlerweile den Zisterzienserorden an Mitgliedern und Klöstern überflügelt haben.

Schluss

Die positive Geschichte des Christentums erzählt von den Dingen, die tatsächlich im Sinne Christi gelebt und getan wurden. Die negative Geschichte handelt von der Verletzung christlicher Werte. Beide sind oft schwer voneinander zu trennen, und trotzdem müssen wir uns die Mühe machen, wollen wir der Qualität und der wahren Bedeutung der Evangelien gerecht werden.

Fernsehsendungen über die Kirchengeschichte werfen gerne Verdienste und Unrecht in einen Topf, so als wären sie gleichermaßen Konsequenz christlicher Glaubensvorstellungen. Das ist in etwa so, als berichtete man heute darüber, dass einige Priester viel Gutes tun und andere Kinder missbrauchen, ohne darauf hinzuweisen, dass es kaum ein Verbrechen gibt, das im Neuen Testament deutlicher verurteilt wird als dieses: „Und wer ein solches Kind um meinetwillen aufnimmt, der nimmt mich auf. Wer einen von diesen Kleinen, die an mich glauben, zum Bösen verführt, für den wäre es besser, wenn er mit einem Mühlstein um den Hals im tiefen Meer versenkt würde" (Mt 18,1–11). Die Ursache für den Kindesmissbrauch liegt in einer pädophilen Veranlagung und nicht in christlichen Glaubensvorstellungen. Jemand, der das Christentum mit der Begründung ablehnt, es gäbe dort zu viele Lügner, Sturköpfe und Bösewichte, ist vergleichbar mit jemandem, der Ethik mit dem Argument ablehnt, Menschen verhielten sich zu oft unethisch.

Wenn wir nach christlichen Ursachen für begangenes Unrecht suchen, dann finden wir sie wohl am ehesten im Wahrheitsanspruch und der Angst vor der Hölle. Beide sind existenzieller Bestandteil des Glaubens. Ohne die Hoffnung auf Wahrheit ergibt Glaube keinen Sinn. Und eine mögliche Bestrafung durch Gott spielt für die Einhaltung der Gebote eine ebenso große Rolle wie das Strafgesetzbuch für die Bewahrung von bürgerlichem Recht und Ordnung. Der entscheidende Punkt ist aber auch hier, dass weder der Wahrheitsanspruch noch die Besorgnis um das Seelenheil einer Gesellschaft dazu berechtigen, Zwang und Gewalt anzuwenden. Die Evangelien fordern nicht dazu auf. Ganz im Gegenteil.

Die Darstellung der kirchlichen Vergangenheit erscheint, bei aller berechtigten Kritik in Einzelfällen, oft genug als ein Versuch, das Christentum schlecht reden und es mit maßlos übertriebenen Opferzahlen in die Nähe der Verbrechen des 20. Jahrhunderts rücken zu wollen. Die historischen Tatsachen können dies nicht bestätigen. Massentötung ist ein Phänomen des säkularen Zeitalters. Die Ungeheuerlichkeit moderner Verbrechen erscheint überhaupt nur möglich, weil der Einfluss des Christlichen zurückgedrängt wurde. Nicht umsonst bekämpften die größten Massenmörder des 20. Jahrhunderts die Religion, eben weil sie diesen Zusammenhang erkannten.

Viele Menschen sind heute der Ansicht, dass die römische Kirche im historischen Rückblick sehr schlecht abschneidet. Oft genug wird sie als reich, dekadent, machtversessen, eitel und gewalttätig dargestellt.

Es ist zwar richtig, dass wir die bedeutendsten Heiligen nicht so sehr unter den Päpsten, sondern mehr im Umfeld der Orden und Klöster finden. Aber wenn wir auf die beliebtesten Vorwürfe gegen das Christentum blicken, entsteht doch ein anderer Eindruck. In vielen Fällen erweisen sich die Päpste als ein besonnenes, kluges und gerechtes Gegengewicht zum Vulgärkatholizismus des ungebildeten Mobs. Die römische Amtskirche stellt sich gegen die Judenpogrome der Kreuzzugszeit. Sie verurteilt den unmenschlichen Umgang mit den Indios durch die Kolonialmächte. Und sie erweist sich als Bollwerk gegen die Ideologien des 20. Jahrhunderts. Unvergessen bleibt die Rede Papst Johannes Pauls II. (* 1920; † 2005) im kommunistischen Polen, in der er die Legitimation eines Staates vom Schutz der Würde und der Rechte des Menschen abhängig macht. Inquisition, Hexenverfolgung und Zwangsmissionierung – je näher wir dem Kirchenstaat kommen, desto weniger sehen wir davon.

Die positive Wirkkraft des christlichen Glaubens erkennen wir nicht nur dort, wo sie offensichtlich ist, etwa wenn es dem Missionar Patrick gelingt, den Sklavenhandel in Irland zu beenden und die dortigen Gewaltexzesse zu begrenzen. Sie wird gerade auch bei den Themen sichtbar, die normalerweise herangezogen werden, um das Christentum in ein negatives Licht zu rücken. Denn es sind in der Regel nicht säkular denkende Menschen, die Wege weisen, bestehende Missstände ihrer Zeit zu überwinden, sondern es sind überzeugte Christen, die darauf aufmerksam machen, dass bestimmte Handlungen nicht mit den Maßstäben ihres Glaubens übereinstimmen. Es ist nicht der religiöse Skeptiker Jean Bodin, der einen Weg aus dem Hexenwahn weist, sondern der Jesuit Friedrich Spee. Es sind nicht die Kolonialmächte, die den Umgang mit den Indios beklagen, sondern einzelne Mönche und Päpste. Es sind nicht so sehr die Argumente der französischen Aufklärung, die den Sklavenhandel beenden, sondern vielmehr die Überzeugungen mutiger Christen. Und es sind nicht die gottlosen Ideologien des 20. Jahrhunderts, die zu einer gerechteren Welt geführt haben, sondern die auf der christlichen Würde des Menschen basierenden Rechtsstaaten.

Die Worte, die Werke und das Leben Jesu inspirierten zu einer Kultur der Barmherzigkeit und Wohltätigkeit, der Bildung, des Fleißes und künstlerischer Hochleistungen. Sie legten den Grundstein für eine gesellschaftspolitische Ordnung, die auf Gerechtigkeit, Freiheit und Rechtsstaatlichkeit beruht. Dieser Weg war alles andere als selbstverständlich, blicken wir zurück in vorchristliche Kulturkreise oder vergleichen wir ihn mit der Entwicklung der islamischen Zivilisation. Wir verdanken ihn vor allem den Menschen, die den Mut aufbrachten, gegen alle Widerstände ihrer Zeit an dem christlichen Bild von Gott, der die Liebe ist, festzuhalten. Keine andere Religion definiert Gott auf diese Weise. Und keine andere Religion sah und sieht sich folglich so sehr in der Pflicht, daraus auch entsprechende Schlüsse zu ziehen. Sie zu beschreiben, war die Absicht dieses Buches.

Es reicht jedoch nicht, darauf hinzuweisen, dass wir dem christlichen Gottesbild so viel Nützliches zu verdanken haben. Seine Bedeutung geht weit darüber hinaus. Wenn Christen mit dem Evangelisten Johannes Gott als die Liebe begreifen (1 Joh 4,16b), dann erschließt sich ihnen die Schöpfung auf ganz neue Weise. Die Hoffnung darauf, dass Gott wirklich existiert, und das Bestreben, die Liebe Gottes in ihrer vollen Tiefe zu begreifen, gibt ihrem Dasein Sinn, Schönheit und Größe.

Literaturverzeichnis

Angenendt, Arnold: Toleranz und Gewalt. Das Christentum zwischen Bibel und Schwert, Münster 2009.

Ballestrem, Karl Graf: Kirche – Gesellschaft – Staat in Europa. Eine interdisziplinäre und vergleichende Studie, 2001.

Ballestrem, Karl Graf: Katholische Kirche und Menschenrechte. In: Brocker, Manfred / Stein, Tine (Hg.): Christentum und Demokratie, Darmstadt 2006. S. 147–169.

Brague, Rémi: „Das islamische Volk ist das belogenste", in: Die Presse, 21.04.2008.

Brandmüller, Walter: Licht und Schatten. Kirchengeschichte zwischen Glaube, Fakten und Legenden, Augsburg 2007.

Burckhardt, Jacob: Die Kultur der Renaissance in Italien, Frankfurt am Main 2009.

Buttinger, Sabine: Mit Kreuz und Kutte. Die Geschichte der christlichen Orden, Stuttgart 2007.

Cahill, Thomas: Wie die Iren die Zivilisation retteten, München 1998.

Chang, Jung / Halliday Jon: Mao. Das Leben eines Mannes. Das Schicksal eines Volkes, München 2005.

Chesterton, G. K.: Der Stumme Ochse. Thomas von Aquin, Freiburg 1960.

Dinzelbacher, Peter: Bernhard von Clairvaux, Darmstadt 2012.

Dopsch, Heinz: Von der Klosterschule zur Universität. Grundzüge des mittelalterlichen Bildungswesens, www.uni-salzburg,at.

Duby, Georges: Krieger und Bauern. Die Entwicklung der mittelalterlichen Wirtschaft und Gesellschaft bis um 1200, Frankfurt a. M. 1986.

Eco, Umberto: Kunst und Schönheit im Mittelalter, München 2011.

Eggers, Hans: Deutsche Sprachgeschichte Bd. 1, Das Althochdeutsche und das Mittelhochdeutsche, Hamburg 1986.

Flaig, Egon: Der Islam will die Welteroberung, in: FAZ 216 (16. September 2006), S. 37.

Fried, Johannes: Der Weg in die Geschichte. Die Ursprünge Deutschlands bis 1024, Berlin 1998.

Gelmi, Josef: Die Päpste in Lebensbildern, Graz 1983.

Gorys, Erhard: Lexikon der Heiligen, München 2008.

Hamel, Fred / Hürlimann, Martin (Hg.): Das Atlantisbuch der Musik, Zürich 1959.

Heine, Heinrich: Sämtliche Werke in vier Bänden. Schweikert, Uwe (Hg.), München 1972.

Hürten, Heinz: Geschichte des deutschen Katholizismus 1800–1960, Mainz 1986.

Huizinga, Johan: Herbst des Mittelalters, Stuttgart 1987.

Karsh, Efraim: Imperialismus im Namen Allahs. Von Muhammad bis Osama bin Laden, München 2007.

Keller, Werner: Und wurden zerstreut unter alle Völker, München/Zürich 1966.

Krüger, Kristina: Orden und Klöster. 2000 Jahre christliche Kunst und Kultur, 2007.

Langer, Fred: Neues vom Scheiterhaufen, in: GEO 04/2010.

Lenzenweger, Josef / Stockmeier, Peter / Bauer, Johannes B. / Amon, Karl / Zinnhobler, Rudolf (Hg.): Geschichte der Katholischen Kirche, Graz 1999.

Lortz, Joseph: Geschichte der Kirche, Münster 1937.

Maier, Hans: Welt ohne Christentum – was wäre anders?, Freiburg 1999.

Müller, Michael: Kirche, Papst und Glaube. Fragen, Irrtümer, Missverständnisse, Aachen 2010.

Nagel, Tilman: Angst vor Allah? Auseinandersetzungen mit dem Islam, Berlin 2014.

Nagel, Tilman: Mohammed. Zwanzig Kapitel über den Propheten der Muslime, München 2010.

Nestler, Gerhard: Geschichte der Musik. Die großen Zeiträume der Musik von den Anfängen bis zur elektronischen Komposition, Augsburg 1979.

Neumahr, Uwe: Cesare Borgia. Sohn des Papstes, Stratege der Macht, Fürst der Renaissance, Katz 2011.

Padberg, Lutz E. von: In Gottes Namen? Von Kreuzzügen, Inquisition und gerechten Kriegen. Die 10 häufigsten Vorwürfe gegen das Christentum, Berlin 2010.

Pera, Marcello: Warum wir uns Christen nennen müssen. Plädoyer eines Liberalen, Augsburg 2009.

Prinz, Friedrich: Das wahre Leben der Heiligen. Zwölf historische Portraits von Kaiserin Helena bis Franz von Assisi, München 2003.

Püttmann, Andreas: Gesellschaft ohne Gott. Risiken und Nebenwirkungen der Entchristlichung Deutschlands, München 2010.

Rand, Ludwig: Was sie über den Islam wissen müssen, http://schda.files.wordpress.com/2010/10/islamwissen_flyer.pdf, 2010.

Rhonheimer, Martin: Christentum und säkularer Staat. Geschichte – Gegenwart – Zukunft, Freiburg 2012.

Riley-Smith, Jonathan: Wozu heilige Kriege? Anlässe und Motive der Kreuzzüge, Berlin 2003.

Roos, Lothar: Gesellschaft ohne Gott?, in: Kirche und Gesellschaft, Nr. 214, Köln 1994.

Schmidt, Alvin J.: Wie das Christentum die Welt veränderte, Gräfelfing 2009.

Schwerhoff, Gerd: Die Erdichtung der weisen Männer. Gegen falsche Übersetzungen von Hexenglauben und Hexenverfolgung, in: Lorenz, Sönke / Bauer, Dieter R. (Hg.): Hexenverfolgung. Beiträge zur Forschung – unter besonderer Berücksichtigung des südwestdeutschen Raumes, Würzburg 1995.

Smolinsky, Heribert: Kirchengeschichte der Neuzeit. Erster und zweiter Teil, Düsseldorf 2008.

Spaemann, Robert (Hg.): Ethik-Lesebuch von Platon bis heute, München 1987.

Spaemann, Robert: Das unsterbliche Gerücht, Stuttgart 2007.

Spaemann, Robert: Grenzen. Zur ethischen Dimension des Handelns, Stuttgart 2001.

Stark, Rodney: For the Glory of God. How Monotheism led to Reformations, Science, Witch-Hunts, and the End of Slavery, Princeton 2003.

Uertz, Rudolf: Vom Gottesrecht zum Menschenrecht. Das katholische Staatsdenken in Deutschland von der Französischen Revolution bis zum II. Vatikanischen Konzil (1789–1965), Paderborn 2005.

Waldstein-Wartenberg, Berthold: Die Vasallen Christi. Kulturgeschichte des Johanniterordens im Mittelalter, Wien 1988.

Yerushalmi, Yosef H.: Diener von Königen und nicht Diener von Dienern. Einige Aspekte der politischen Geschichte der Juden, München 1995.

Anmerkungen (Endnotes)

[1] Einleitung

Menschen bei Maischberger, 18.09.2012.

Die Ursprünge mönchischen Lebens

[2] Vgl. Cahill, Thomas: Wie die Iren die Zivilisation retteten.

Vom Imperium Romanum zum Heiligen Römischen Reich

[3] Vgl. Krüger, Kristina: Orden und Klöster. 2000 Jahre christliche Kunst und Kultur, S. 29.

[4] Vgl. ebenda, S. 43.

Kriege und Zwangsmissionierung – trotz oder wegen des Christentums?

[5] Angenendt, Arnold: Toleranz und Gewalt. Das Christentum zwischen Bibel und Schwert, S. 96.

[6] Ebenda, S. 96.

[7] Ebenda, S. 376/77.

[8] Schmidt, Alvin J.: Wie das Christentum die Welt veränderte, S. 152.

[9] Ebenda, S. 153.

[10] Ebenda, S. 151.

[11] Angenendt, Arnold: Toleranz und Gewalt. Das Christentum zwischen Bibel und Schwert, S. 395.

[12] Ebenda, S. 401.

[13] Fried, Johannes: Der Weg in die Geschichte, S. 109.

[14] Eggers, Hans: Deutsche Sprachgeschichte, S. 197.

[15] Duby, Georges: Krieger und Bauern. Die Entwicklung der mittelalterlichen Wirtschaft und Gesellschaft bis um 1200, S. 65.

[16] Angenendt, Arnold: Toleranz und Gewalt. Das Christentum zwischen Bibel und Schwert, S. 22.

[17] Waldstein-Wartenberg, Berthold: Die Vasallen Christi. Kulturgeschichte des Johanniterordens im Mittelalter, S. 15.

[18] Ebenda, S. 15/16.

[19] Angenendt, Arnold: Toleranz und Gewalt. Das Christentum zwischen Bibel und Schwert, S. 43.

[20] Ebenda, S. 393.

[21] Heine, Heinrich: Sämtliche Werke in vier Bänden, Bd. 3, S. 518.

[22] Vgl. Angenendt, Arnold: Toleranz und Gewalt. Das Christentum zwischen Bibel und Schwert, S. 78/79.

[23] Ebenda, S. 81.

Blüte und Zerfall der Klöster unter den Karolingern

[24] Krüger, Kristina: Orden und Klöster. 2000 Jahre christliche Kunst und Kultur, S. 54/55.

Buchmalerei

[25] Ebenda, S. 68.

[26] Vgl. ebenda, S. 55.

Monastische Reformbewegungen im Hochmittelalter

[27] Vgl. Buttinger, Sabine: Mit Kreuz und Kutte. Die Geschichte der christlichen Orden, S. 27.

[28] Ebenda, S. 31.

[29] Angenendt, Arnold: Toleranz und Gewalt. Das Christentum zwischen Bibel und Schwert, S. 133.

[30] Krüger, Kristina: Orden und Klöster. 2000 Jahre christliche Kunst und Kultur, S. 81.

[31] Buttinger, Sabine: Mit Kreuz und Kutte. Die Geschichte der christlichen Orden, S. 32.

[32] Ebenda, S. 33.

[33] Ebenda, S. 42.

[34] Krüger, Kristina: Orden und Klöster. 2000 Jahre christliche Kunst und Kultur, S. 230.

[35] Ebenda, S. 149.

[36] Ebenda, S. 179.

Bernhard von Clairvaux und die Kreuzzüge

[37] Dinzelbacher, Peter: Bernhard von Clairvaux, S. 35.

[38] Ebenda, S. 271.

[39] Ebenda, S. 118.

[40] Ebenda, S. 120/21.

[41] Ebenda, S. 124.

[42] Ebenda, S. 288/89.

[43] Angenendt, Arnold: Toleranz und Gewalt. Das Christentum zwischen Bibel und Schwert, S. 404.

[44] Ebenda, S. 416.

[45] Vgl. Riley-Smith, Jonathan: Wozu heilige Kriege? Anlässe und Motive der Kreuzzüge, S. 23.

[46] Vgl. Brandmüller, Walter: Licht und Schatten. Kirchengeschichte zwischen Glaube, Fakten und Legenden, S. 97.

[47] Padberg, Lutz E. von: In Gottes Namen? Von Kreuzzügen, Inquisition und gerechten Kriegen. Die 10 häufigsten Vorwürfe gegen das Christentum, S. 117.

[48] Flaig, Egon: Der Islam will die Welteroberung, In: FAZ 216 (16.9.2006), S. 37.

[49] Angenendt, Arnold: Toleranz und Gewalt. Das Christentum zwischen Bibel und Schwert, S. 417.

[50] Brandmüller, Walter: Licht und Schatten. Kirchengeschichte zwischen Glaube, Fakten und Legenden, S. 100.

[51] Angenendt, Arnold: Toleranz und Gewalt. Das Christentum zwischen Bibel und Schwert, S. 412/13.

[52] Riley-Smith, Jonathan: Wozu heilige Kriege? Anlässe und Motive der Kreuzzüge, S. 176.

Die Gotik

[53] Huizinga, Johan: Herbst des Mittelalters, S. 16.

[54] Nestler, Gerhard: Geschichte der Musik, S. 109.

[55] Vgl. Hamel, Fred / Hürlimann, Martin (Hg.): Das Atlantisbuch der Musik, S. 90/91.

[56] Nestler, Gerhard: Geschichte der Musik, S. 52.

[57] Vgl. Hamel, Fred / Hürlimann, Martin (Hg.): Das Atlantisbuch der Musik, S. 94.

Die Kunst als Spiegel einer Gesellschaft

[58] Huizinga, Johan: Herbst des Mittelalters, S. 301/2.

[59] Ebenda, S. 303.

[60] Ebenda, S. 303.

[61] Vgl. ebenda, S. 316.

[62] Vgl. ebenda, S. 319.

Thomas von Aquin und der Islam

[63] Vgl. Thomas von Aquin: Summa contra gentiles, WBG Darmstadt 2009, Band I, Buch 1, Kapitel 6, S. 23.

[64] Angenendt, Arnold: Toleranz und Gewalt. Das Christentum zwischen Bibel und Schwert, S. 388.

[65] Rand, Ludwig: Was sie über den Islam wissen müssen, http://schda.files.wordpress.com/2010/10/islamwissen_flyer.pdf

[66] Karsh, Efraim: Imperialismus im Namen Allahs. Von Muhammad bis Osama bin Laden, S. 9.

[67] Angenendt, Arnold: Toleranz und Gewalt. Das Christentum zwischen Bibel und Schwert, S. 389.

[68] Brague, Rémi: „Das islamische Volk ist das belogenste", in: Die Presse, 21.04.2008.

[69] Nagel, Tilman: Angst vor Allah? Auseinandersetzungen mit dem Islam, S. 58.

[70] Angenendt, Arnold: Toleranz und Gewalt. Das Christentum zwischen Bibel und Schwert, S. 389.

[71] Brague, Rémi: „Das islamische Volk ist das belogenste", in: Die Presse, 21.04.2008.

Von den Klosterschulen zur Universität

[72] Vgl. Dopsch, Heinz: Von der Klosterschule zur Universität. Grundzüge des mittelalterlichen Bildungswesens, www.uni-salzburg.at.

[73] Vgl. Brandmüller, Walter: Licht und Schatten. Kirchengeschichte zwischen Glaube, Fakten und Legenden, S. 41.

[74] Schmidt, Alvin J.: Wie das Christentum die Welt veränderte, S. 224.

[75] Brandmüller, Walter: Licht und Schatten. Kirchengeschichte zwischen Glaube, Fakten und Legenden, S. 45.

[76] Ebenda, S. 45.

Dominikus und Franziskus

[77] Vgl. Lortz, Joseph: Geschichte der Kirche, II 88.

[78] Lenzenweger, Josef (Hg.): Geschichte der Katholischen Kirche, S. 307.

[79] Vgl. Prinz, Friedrich: Das wahre Leben der Heiligen, S. 288.

[80] Buttinger, Sabine: Mit Kreuz und Kutte. Die Geschichte der christlichen Orden, S. 53.

[81] Chesterton, G. K.: Der Stumme Ochse. Thomas von Aquin, S. 324.

[82] Prinz, Friedrich: Das wahre Leben der Heiligen, S. 278.

[83] Ebenda, S. 263.

[84] Ebenda, S. 290.

Die Inquisition

[85] Vgl. Padberg, Lutz E. von: In Gottes Namen? Von Kreuzzügen, Inquisition und gerechten Kriegen. Die 10 häufigsten Vorwürfe gegen das Christentum, S. 143.

[86] Vgl. ebenda, S. 147.

[87] Ebenda, S. 146.

[88] Vgl. ebenda, S. 148.

[89] Angenendt, Arnold: Toleranz und Gewalt. Das Christentum zwischen Bibel und Schwert, S. 247.

[90] Ebenda, S. 246.

[91] Ebenda, S. 251.

[92] Vgl. ebenda, S. 250.

[93] Huizinga, Johan: Herbst des Mittelalters, S. 20.

[94] Angenendt, Arnold: Toleranz und Gewalt. Das Christentum zwischen Bibel und Schwert, S. 290.

[95] Padberg, Lutz E. von: In Gottes Namen? Von Kreuzzügen, Inquisition und gerechten Kriegen. Die 10 häufigsten Vorwürfe gegen das Christentum, S. 144.

[96] Vgl. Angenendt, Arnold: Toleranz und Gewalt. Das Christentum zwischen Bibel und Schwert, S. 293.

[97] Ebenda, S. 288.

[98] Ebenda, S. 288.

[99] Ebenda, S. 291.

[100] Vgl. ebenda, S. 264.

[101] Ebenda, S. 264.

[102] Vgl. ebenda, S. 265/66.

[103] Vgl. ebenda, S. 293.

[104] Ebenda, S. 252.

Die Pervertierung des Christlichen

Im Mittelalter

[105] Huizinga, Johan: Herbst des Mittelalters, S. 179/80.

[106] Ebenda, S. 182.

[107] Ebenda, S. 186.

[108] Ebenda, S. 187.

[109] Ebenda, S. 187.

[110] Ebenda, S. 202.

[111] Ebenda, S. 194.

[112] Ebenda, S. 178.

[113] Ebenda, S. 221.

[114] Ebenda, S. 210.

[115] Vgl. ebenda, S. 208.

[116] Vgl. ebenda, S. 208.

[117] Vgl. ebenda, S. 212.

In der Renaissance

[118] Burckhardt, Jacob: Die Kultur der Renaissance in Italien, S. 210.

[119] Ebenda, S. 479/80.

[120] Ebenda, S. 485.

[121] Eco, Umberto: Kunst und Schönheit im Mittelalter, S. 208.

[122] Ebenda, S. 207.

[123] Ebenda, S. 212.

[124] Ebenda, S. 214.

[125] Burckhardt, Jacob: Die Kultur der Renaissance in Italien, S. 488/89.

[126] Ebenda, S. 450.

Die Hexenverfolgungen

[127] Langer, Fred: Neues vom Scheiterhaufen, in: GEO 04/2010.

[128] Angenendt, Arnold: Toleranz und Gewalt. Das Christentum zwischen Bibel und Schwert, S. 297.

[129] Der Spiegel vom 30. Mai 1998, in: Angenendt, Arnold: Toleranz und Gewalt. Das Christentum zwischen Bibel und Schwert, S. 298.

[130] Vgl. Angenendt, Arnold: Toleranz und Gewalt. Das Christentum zwischen

Bibel und Schwert, S. 312–319.

[131] Langer, Fred: Neues vom Scheiterhaufen, in: GEO 04/2010.

[132] Vgl. Angenendt, Arnold: Toleranz und Gewalt. Das Christentum zwischen Bibel und Schwert, S. 319.

[133] Vgl. Padberg, Lutz E. von: In Gottes Namen? Von Kreuzzügen, Inquisition und gerechten Kriegen. Die 10 häufigsten Vorwürfe gegen das Christentum, S. 160.

[134] Vgl. Angenendt, Arnold: Toleranz und Gewalt. Das Christentum zwischen Bibel und Schwert, S. 317/318.

[135] Vgl. Langer, Fred: Neues vom Scheiterhaufen, in: GEO 04/2010.

[136] Angenendt, Arnold: Toleranz und Gewalt. Das Christentum zwischen Bibel und Schwert, S. 316.

[137] Vgl. ebenda, S. 314.

[138] Langer, Fred: Neues vom Scheiterhaufen, in: GEO 04/2010.

[139] Ebenda.

Wie das Christentum die Welt veränderte

Der Kampf gegen die Sklaverei

[140] Angenendt, Arnold: Toleranz und Gewalt. Das Christentum zwischen Bibel und Schwert, S. 206.

[141] Vgl. Schmidt, Alvin J.: Wie das Christentum die Welt veränderte, S. 327.

[142] Angenendt, Arnold: Toleranz und Gewalt. Das Christentum zwischen Bibel und Schwert, S. 212.

[143] Vgl. Cahill, Thomas: Wie die Iren die Zivilisation retteten, S. 122.

[144] Vgl. Angenendt, Arnold: Toleranz und Gewalt. Das Christentum zwischen Bibel und Schwert, S. 208/9.

[145] Ebenda, S. 213.

[146] Ebenda, S. 209.

[147] Ebenda, S. 215.

[148] Ebenda, S. 462.

[149] Vgl. Stark, Rodney: For the Glory of God, S. 359f.

[150] Vgl. Angenendt, Arnold: Toleranz und Gewalt. Das Christentum zwischen Bibel und Schwert, S. 463.

[151] Ebenda, S. 223.

[152] Ebenda, S. 466/67.

[153] Ebenda, S. 467.

[154] Buttinger, Sabine: Mit Kreuz und Kutte. Die Geschichte der christlichen Orden, S. 107.

[155] Angenendt, Arnold: Toleranz und Gewalt. Das Christentum zwischen Bibel und Schwert, S. 224/25.

[156] Ebenda, S. 225.

[157] Ebenda, S. 464.

[158] Ebenda, S. 228.

[159] Schmidt, Alvin J.: Wie das Christentum die Welt veränderte, S. 326.

[160] Angenendt, Arnold: Toleranz und Gewalt. Das Christentum zwischen Bibel und Schwert, S. 228.

Wissenschaft und Bildung

[161] Brandmüller, Walter: Licht und Schatten. Kirchengeschichte zwischen Glaube, Fakten und Legenden, S. 9.

[162] Schmidt, Alvin J.: Wie das Christentum die Welt veränderte, S. 236.

[163] Ebenda, S. 235.

[164] Ebenda, S. 268.

[165] Ebenda, S. 264.

[166] Smolinsky, Heribert: Kirchengeschichte der Neuzeit. Bd. I, S. 154.

[167] Ebenda, S. 161.

[168] Ebenda, S. 114.

[169] Vgl. ebenda, S. 156.

[170] Ebenda, S. 160.

Die Nächstenliebe

[171] Schmidt, Alvin J.: Wie das Christentum die Welt veränderte, S. 148.

[172] Angenendt, Arnold: Toleranz und Gewalt. Das Christentum zwischen Bibel und Schwert, S. 131.

[173] Schmidt, Alvin J.: Wie das Christentum die Welt veränderte, S. 182.

Von der Nächstenliebe zum Sozialstaat

[174] Vgl. Schmidt, Alvin J.: Wie das Christentum die Welt veränderte, S. 178.

[175] Vgl. ebenda, S. 183/84.

[176] Ebenda, S. 188.

[177] Ebenda, S. 156/57.

[178] Ebenda, S. 158/59.

[179] Ebenda, S. 192.

[180] Ebenda, S. 194.

[181] Ebenda, S. 217/18.

[182] Ebenda, S. 197.

Die Menschenwürde

[183] Spaemann, Robert: Grenzen. Zur ethischen Dimension des Handelns, S. 111.

[184] Ebenda, S. 113.

[185] Ebenda, S. 115.

[186] Ballestrem, Karl Graf: Katholische Kirche und Menschenrechte. In: Brocker, Manfred / Stein, Tine (Hg.): Christentum und Demokratie, S. 153.

[187] Spaemann, Robert: Grenzen. Zur ethischen Dimension des Handelns, S. 122.

[188] Roos, Lothar: Gesellschaft ohne Gott?, in: Kirche und Gesellschaft, Nr. 214, S. 8.

Die Kritik am christlichen Wahrheitsanspruch am Beispiel der Vermengung von Religion und Politik

[189] Rhonheimer, Martin: Christentum und säkularer Staat, S. 42.

[190] Ebenda, S. 65.

[191] Ebenda, S. 73/74.

[192] Ebenda, S. 75.

[193] Ebenda, S. 85.

[194] Ebenda, S. 97.

[195] Ebenda, S. 100.

[196] Ebenda, S. 102.

[197] Vgl. ebenda, S. 115.

[198] Smolinsky, Heribert: Kirchengeschichte der Neuzeit. Bd. I, S. 197.

[199] Ebenda, S. 187.

[200] Vgl. ebenda, S. 137.

[201] Rhonheimer, Martin: Christentum und säkularer Staat, S. 131.

[202] Vgl. Smolinsky, Heribert: Kirchengeschichte der Neuzeit. Bd. I, S. 181.

[203] Smolinsky, Heribert: Kirchengeschichte der Neuzeit. Bd. II, S. 18.

[204] Vgl. ebenda, S. 16–18.

[205] Vgl. Rhonheimer, Martin: Christentum und säkularer Staat, S. 134/35.

[206] Vgl. Angenendt, Arnold: Toleranz und Gewalt. Das Christentum zwischen Bibel und Schwert, S. 342.

[207] Smolinsky, Heribert: Kirchengeschichte der Neuzeit. Bd. II, S. 19/20.

[208] Vgl. Angenendt, Arnold: Toleranz und Gewalt. Das Christentum zwischen Bibel und Schwert, S. 342.

[209] Vgl. Rhonheimer, Martin: Christentum und säkularer Staat, S. 56–59.

[210] Ebenda, S. 60.

[211] Vgl. Uertz, Rudolf: Vom Gottesrecht zum Menschenrecht, S. 398.

[212] Rhonheimer, Martin: Christentum und säkularer Staat, S. 108.

Antijudaismus und Antisemitismus

[213] Vgl. Angenendt, Arnold: Toleranz und Gewalt. Das Christentum zwischen Bibel und Schwert, S. 494–499.

[214] Ebenda, S. 500.

[215] Ebenda, S. 515.

[216] Vgl. ebenda, S. 517/18.

[217] Vgl. ebenda, S. 520.

[218] Vgl. ebenda, S. 506.

[219] Ebenda, S. 523.

[220] Ebenda, S. 525/26.

[221] Ebenda, S. 535.

[222] Vgl. ebenda, S. 531.

[223] Ebenda, S. 529.

[224] Ebenda, S. 530/32.

[225] Vgl. ebenda, S. 529.

[226] Ebenda, S. 536.

[227] Ebenda, S. 544.

[228] Ebenda, S. 544/45.

[229] Ebenda, S. 544.

[230] Ebenda, S. 512.

[231] Vgl. Yerushalmi, Yosef H.: Diener von Königen und nicht Diener von Dienern, S. 37.

[232] Angenendt, Arnold: Toleranz und Gewalt. Das Christentum zwischen Bibel und Schwert, S. 544.

[233] Vgl. ebenda, S. 479.

[234] Ebenda, S. 555.

[235] Ebenda, S. 560.

[236] Ebenda, S. 566.

[237] Ebenda, S. 557/58.

[238] Ebenda, S. 558.

[239] Ebenda, S. 145.

[240] Vgl. ebenda, S. 145.

[241] Ebenda, S. 149.

[242] Vgl. Keller, Werner: Und wurden zerstreut unter alle Völker, S. 334–340.

[243] Vgl. ebenda, S. 448/49.

[244] Ebenda, S. 491.

Warum wir von einer christlichen Gesellschaft profitieren

[245] Püttmann, Andreas: Gesellschaft ohne Gott, S. 120/21.

[246] Ballestrem, Karl Graf: Kirche – Gesellschaft – Staat in Europa. Eine interdisziplinäre und vergleichende Studie, S. 1.

[247] Püttmann, Andreas: Gesellschaft ohne Gott, S. 140.

[248] Ebenda, S. 156.

[249] Ebenda, S. 146.

[250] Ebenda, S. 163.

[251] Ebenda, S. 153.

[252] Ebenda, S. 154.

[253] Lortz, Joseph: Geschichte der Kirche, III 98.

[254] Krüger, Kristina: Orden und Klöster. 2000 Jahre christliche Kunst und Kultur, S. 405.

[255] Ebenda, S. 400.

Tommy Ballestrem studierte Politik und Wirtschaft an der FU Berlin sowie am Institut des Sciences Politiques in Paris, bevor er sich entschloss, Komponist zu werden. Nach einem Studium an der University of York (GB) ging er als Schüler von Wolfgang Rihm an die Musikhochschule Karlsruhe.

Heute lebt er als freier Komponist in Bayern. Im Zentrum seiner Arbeit steht die klassische zeitgenössische Musik. Daneben schreibt er alternative Rockmusik und tritt regelmäßig mit seiner Band YESBUT auf. „Ja, aber die Kreuzzüge ..." ist seine erste Veröffentlichung als Autor.